Clarissa Stadler

N.

Eine kleine Utopie

Literaturverlag Droschl

Eine Welt, die sich selbst in die Luft jagt,
kann man nicht mehr porträtieren.

Hermann Broch, 1966

1

Als N. die Wohnung verlässt, fühlt sich sein Kopf dumpf an. Der Grund dafür sind sieben Biere, drei Glas Rotwein und eine unbestimmte Menge Whiskeys, bei denen das Zählwerk nicht mehr funktioniert haben dürfte. Der zweite Handschuh fehlt. N. versucht den Abend zu rekapitulieren, kapituliert aber, weil seine Erinnerung nach der Szene auf dem Sofa abreißt. War da was?
Vor der Haustür traut N. seinen Augen nicht. Aus einem schweren grauen Himmel schneit es dicke Flocken. Die Dächer sind weiß, und der Verkehrslärm wirkt durch die Schneeschicht seltsam gedämpft. Möglicherweise nimmt die Welt heute Rücksicht auf ihn. Sehr zuvorkommend.
Beim ersten Schnee befällt N. regelmäßig ein heiliges Staunen, das er sich nicht erklären kann. Heute freut er sich über das profane Gefühl, dass die kühlen Flocken wie Eisbeutel auf seiner schmerzenden Stirn landen und für eine Atemlänge Linderung schaffen.
Sein Auto zu finden, bereitet N. keine Schwierigkeiten. Es ist das kleinste in der Parkspur. Jemand hat in den Schnee auf seiner Windschutzscheibe ein Herz gezeichnet. Leider kann N. keinen Zusammenhang zu den Geschehnissen der gestrigen Party herstellen, weil in seiner Erinnerung der Film jedes Mal an derselben Stelle reißt.
Die Türgriffe sind eisig. N. ärgert sich, dass seine Finger ungelenk und bockig sind und seinen Anweisungen nicht folgen. Im Wageninneren sieht man den Atem. Schade, überlegt N., dass die Scheibenwischer mit dem Schnee auch das Herz wegwischen werden. Als N. den Zündschlüssel in das Schloss steckt, fällt ihm ein, dass er heute nicht in die Arbeit fahren muss, weil er gestern gekündigt wurde.

★

N. nimmt die Espressomaschine vom Herd. Als beim Eingießen in die Tasse nur trübes, dampfendes Wasser zum Vorschein kommt, wird ihm schlagartig klar, dass er verliebt ist. N. kann sich nicht erinnern, jemals beim Espressokochen vergessen zu haben, den gemahlenen Kaffee in das Kännchen zu füllen.
Die Gedanken an die vergangene Nacht fallen auseinander, jedes Mal wenn er sie fassen will. Sie widersetzen sich jeder Ordnung, führen ein mysteriöses Eigenleben. N. würde gerne bei einer Tasse Kaffee den Liebesrausch noch einmal von Beginn an durchgehen. Er hält die glühend heiße Kanne unter kaltes Wasser und füllt sie mit Kaffee. Als er die Aluminiumteile zusammenschraubt, fällt ihm ein, was die Frau heute morgen beim Anziehen zu ihm gesagt hat. Die Erinnerung daran jagt einen Schauer über seinen Nacken. Überhaupt hat der Schlafmangel seine Hautoberfläche empfindsam gemacht. N. muss grinsen. Wenn es so etwas wie ein Nervenkostüm gibt, denkt er, dann würde er seines jetzt gerne wechseln und in ein dickeres schlüpfen. Eines, das ihn nicht abwechselnd frösteln und heiß schaudern ließe. Wenn Paul ihn jetzt fragte, ob es Liebe ist, er wüsste es nicht. So, wie er bei einer beginnenden Grippe angestrengt in seinem Körper nach Symptomen sucht, untersucht er jetzt sein Herz auf Unregelmäßigkeiten.
Schlaf jetzt! hatte die Frau irgendwann in den frühen Morgenstunden zu ihm gesagt, und N. erinnert sich, dass seine Arme und Beine dabei um ihre geschlungen waren. Er hätte in diesem Moment nicht sagen können, wo sein Körper endet und ihrer beginnt. Als er am Vormittag ihre Wohnung verlassen hat, war sie ihm ganz fremd.

★

Bist du verliebt? N. hat Pauls Frage befürchtet, aber auch erhofft. Antworten heißt, die wenigen gesicherten Details aus der behaglichen Erinnerung in die Kälte hinauszustellen und sie Pauls Beurteilung auszuliefern. Es bedeutet aber auch, die einzelnen Stationen des Abenteuers noch einmal zu durchlaufen. Ein wohliger zweiter Aufguss.

Die Frau war überrascht, als er am Morgen, es war noch dunkel, vor ihrer Tür stand. Und sie lachte, als er ohne viele Worte um Asyl bei ihr ansuchte. Ihr Flanellpyjama war warm, sein Mantel kalt. Sie roch nach Bett, er nach Bar. Als er mit seiner klammen Hand an ihrer Wirbelsäule entlangfuhr, protestierte sie. Seine Hände wurden schnell warm.

Als er aufwachte, hörte er die Dusche im Badezimmer. Seine rechte Hand stieß gegen etwas Pelziges. Zu seinem großen Erstaunen wich die Katze nicht zurück, sondern bot ihm ihren weichen Bauch an. N. fühlte sich in diesem Moment genauso komfortabel wie das Tier. Wäre es nach ihm gegangen, hätte dieser Moment endlos lange anhalten können.

Er hörte sie nicht kommen, er roch sie. Als sie die Badezimmertüre öffnete, brachte sie eine Parfumwolke mit. Ihr Körper steckte in einem weißen Bademantel. Die Haare waren noch nass. Die Katze pfauchte, als sie ihr Platz machen musste. N. fuhr mit seinen Fingern durch ihre kurzen schwarzen Haare. Er hatte vor Jahren eine Technik entwickelt, mit der er Haare ohne Fön trocknen konnte. Sie hatte ihren Kopf jetzt nach vorne gesenkt, sodass er ihren Nacken küssen konnte. Mit beiden Händen rieb er ihre Haare trocken. Sie sagte, dass noch nie ein Mann ihre Haare getrocknet hätte. N. sagte, dass er noch nie einer Frau die Haare getrocknet hätte. Das war gelogen.

★

Das Januarlicht schneidet scharfe Konturen in die Häuserfassaden der Ringstraße. N. blinzelt in die kalte Sonne und erschrickt. Für einen Moment lang misstraut er seiner Wahrnehmung. Aber er täuscht sich nicht. Da, wo bis vor wenigen Tagen die ›Boutique Niveau‹ gewesen ist, starrt er jetzt in ein geräumtes Geschäftslokal. Die Schaufensterauslagen des winzigen Ladens sind noch mit dem bonbonfarbenen Satin ausgekleidet, auf dem jetzt Staub die Konturen der Ware nachzeichnet, die hier jahrelang, vielleicht jahrzehntelang ausgestellt war. Die ›Boutique Niveau‹ führte Dessous, die Männer in den Wahnsinn getrieben haben mag, die heute um die achtzig sind. Hier rankten sich Plastikrosen um Miedergürtel, die man nur noch im Wäschemuseum findet.
Im Ladeninneren liegen zwei abgetrennte Beine einer Schaufensterpuppe in unnatürlicher Verrenkung auf dem Boden. Ein Stück weiter rechts ragt ein Arm aus den Resten des Mobiliars. Der Verkaufstisch steht noch da, mit plissiertem Seidenstoff bis zum Boden verkleidet. Müdes Gold. Die Kleiderstangen, leere Gerippe. Die Leopardenteile sind verschwunden und auch die schwarze Spitze, die den Verkaufsraum früher wie eine dunkle Höhle ausgekleidet hat. Die ›Boutique Niveau‹ war, zwischen den großen Autosalons auf der Ringstraße, eine wohlige Grotte. Staubig. Verrucht. Eine Insel der Harmlosigkeit, die von ihrer Besitzerin, einer kleinen mageren Person mit schwarzem Pagenkopf, gehütet wurde. Von außen konnte man sie zwischen Dessous und Satindekoration nur erahnen.
Die Eingangstür aus Glas ist jetzt mit einem Scherengitter versperrt. Drinnen, auf dem Linoleumboden, ist ein altes Werbefoto liegengeblieben.

★

N. tastet nach seiner Brusttasche. Das Foto ist noch da. Seine Bewegungen sind fahrig. Ihm ist, als könnten alle Umstehenden in der Straßenbahn sehen, was er unter seinem Hemd verbirgt. Als würde eine rote Signallampe hektisch aufblinken und sein Puls über einen Lautsprecher tausendfach verstärkt in den Raum übertragen werden.
Vor ihm steht ein Junge, der aus dem Fenster in die Dunkelheit der Ringstraße stiert. Aus den Kopfhörern dröhnt ein monotoner Bass, und von Zeit zu Zeit bewegen sich Kopf und Schultern im Rhythmus. Daneben versucht ein Mann, im Stehen die zweimal in die Hälfte gefaltete Zeitung zu lesen. Jedes Mal, wenn die Straßenbahn in eine Haltestelle einfährt, drängen Fahrgäste an dem Mann vorbei, und er beginnt die Seite wieder von vorne zu lesen.
N. lässt die Hand sicherheitshalber auf seiner linken Brusttasche ruhen. So kann das Bild nicht weglaufen, und N. kann in aller Ruhe noch einmal die Erinnerung an die Frau heraufbeschwören. Seltsamerweise hat er ihr Gesicht verloren, aber wenn er die Luft anhält, kann er sich an ihren Geruch erinnern. Den entscheidenden Satz, den sie zu ihm gesagt hat, lässt N. jetzt in einer Endlosschleife Revue passieren. Ihre Nachrichten auf seinem Anrufbeantworter hat er mit derselben Endlosigkeit abgehört, immer wieder auf die Playtaste gedrückt, bis er auch das Atmen zwischen den Worten auswendig kannte.
Jetzt ruft sie selten an. Meldet sich tagelang gar nicht. Das führt dazu, dass N. die ganze Zeit an sie denkt. Es ist wie beim Squashspiel, denkt N. Ohne Gegenüber kommt der Ball immer wieder zurück.
Draußen im Nebel taucht das Rathaus auf. Jetzt, am

Abend, wirkt es wie ein Spukschloss. Die Bäume im Rathauspark sind gespickt mit roten Herzen.

★

Man sollte alle Kinofilme sehen, die in dem Jahr entstanden sind, in dem man geboren ist, denkt N. Genauso wie man die Musik hören muss, zu der die Füße der Eltern im Takt gewippt hatten, bevor sie sich liebten. Schließlich sollte man einen Filmstar finden, den die Menschen damals, als man geboren wurde, anbeteten, und sich mit ihm vergleichen. Das hat N. schon sehr oft gedacht, aber niemals so heftig wie an diesem Kinoabend. Er sieht zum siebten Mal in seinem Leben ›Blow Up‹ und ist sich ganz sicher, dass er eine gewisse Ähnlichkeit mit David Hemmings hat. Für die Dauer des Films wohnt N. im Körper des Fotografen. Trägt das blauweiß karierte Hemd mit dem Button-down-Kragen. Krempelt die Ärmel in der Dunkelkammer hoch. Federt über den englischen Rasen des Parks. Wirft die Tür des Rolls Royce mit Verachtung zu, als wäre es eine Klotür. Demütigt die Frau, die ihm mit bebenden Lippen gegenüber steht. Und versumpft auf einer Drogenparty im Londoner Westend.
N. gefällt der Stil, mit dem sich dieser Mann langweilt. Doch. 1966 war ein gutes Jahr.

★

Einen tückischen Kaffee! Paul wiederholt seinen Witz noch zweimal und lacht. Möglicherweise denkt Paul, dass sein Wortspiel verloren gehen könnte, wenn er es nicht durch sein eigenes Lachen bewirbt. Paul lacht immer über seine eigenen Witze. Dadurch beraubt er sich selbst und bringt

sich um den Applaus der anderen, denkt N., und dass er ihn demnächst einmal darauf aufmerksam machen wird. Jetzt ist er zu träge dazu. Der späte Vormittag ist geschmeidig in einen ungefähren Mittag übergegangen. Samstag. In dem Espresso am Markt haben Frühaufsteher hektische Einkäufe gemacht, die jetzt in prallen Taschen wie Trophäen zu ihren Füßen liegen. Sie treffen auf übernächtiges Freitagnachtpartyvolk. Die Eifrigen und die Übriggebliebenen. Sie stehen dicht nebeneinander, aber sie mischen sich nicht, wie Öl und Wasser.
Es hat wieder zu schneien begonnen. Nasse Wollmützen liegen auf der Theke neben vollen Aschenbechern. Menschen schütteln beim Hereinkommen Schneeflocken aus ihrem Haar und beuteln sich dabei wie Hunde. Naschmarkthunde. Paul trägt einen wadenlangen Mantel aus bockigem Wollstoff. *Fischgrät!,* wie er jedes Mal betont. Der Doppelreiher hat einen Pelzkragen und eine abenteuerliche Geschichte, die Paul jeden Winter aufs neue erzählt, wenn man ihn nicht daran hindert. Sein Großvater hätte den Mantel bei einem Landgang in Odessa von einem jüdischen Schneider anfertigen lassen. Weil das bestellte Stück nicht rechtzeitig fertig wurde, versäumte der Matrose sein Schiff und blieb für immer an der Schwarzmeerküste. Der weitere Verlauf der großväterlichen Biografie verliert sich in Ungereimtheiten. Trotzdem. Eine gute Geschichte.
Zwei Mädchen stehen plötzlich vor Paul und strahlen ihn an. Er lässt sich von beiden zur Begrüßung küssen. N. fragt sich, wo Paul all die minderjährigen Verehrerinnen aufgabelt.
N. hat Paul vor vier Jahren in einer Galerie kennen gelernt. Wobei die das natürlich nie im Leben Galerie genannt hätten. ›welt-raum‹ war auf der Neonschrift über

dem Gassenlokal zu lesen. Auf dem Holzboden stand ein schrottreifer kleiner Fernseher. In dem lief ein Video in Endlosschleife. Man konnte nichts erkennen, außer dass es Schwarzweiß war und sehr grobkörnig. Drei Mädchen saßen auf dem Boden und starrten auf den Monitor. N. fand eine von ihnen ziemlich hübsch. Sie hatte kurze Haare, im Nacken rasiert, und trug eine Mao-Jacke. Die drei bildeten einen Halbkreis. Es war unmöglich, mit ihnen ein Gespräch anzufangen. Zumindest hätte N. nicht gewusst wie.
Er stand mit seinem Glas Wein eine Weile daneben. Dann fand er das peinlich und verlegte seine Position auf die andere Seite des Raumes. Dort war eine Glasvitrine aufgestellt, in der ein Paar goldene Lurexsocken lagen. Darunter war *Disko-Diskurs* geschrieben. Das war Pauls Arbeit.

★

Zweimal am Tag stimmt die Zeit auf N.s Küchenuhr. Mittags und abends, um zwölf Uhr sieben. Deswegen hat N. sie auch noch nicht weggeworfen. Man kann schließlich nicht behaupten, dass sie völlig funktionslos wäre. Die Uhr stammt von den Vorbesitzern der Küche, die N. nie kennen gelernt hat. Sie haben neben der Kitschuhr auch eine unüberschaubare Menge an merkwürdigen Küchengeräten hinterlassen. Immer wieder kommt es vor, dass N., zieht er eine Lade heraus, auf original verpackte Maschinen stößt, deren Funktion sich ihm nicht erschließt. Metallgeräte, deren Form keinen Schluss auf ihren Zweck zulässt. Hin und wieder ist N. aber auch auf Verpackungen gestoßen, die sein Herz höher schlagen ließen. Ein Karton mit den stumpfen Farben einer Siebzigerjahrefotografie enthielt eine Mini-Fritteuse. N. überlegte, welche Nahrungsmittel sich für eine Minifrittur eignen würden. Da ihm keine geeigneten einfielen, legte er den Karton zurück in die Lade. Irgendwann würde er darauf zurückgreifen können. Diese Gewissheit erfüllt ihn mit Zufriedenheit.

Die Vorbesitzer haben alle Wände der Küche mit Einbauten bis an die Decke versehen. Aus diesen Schränken hat N. dutzende alter Weinflaschen zutage gefördert. Anfangs öffnete er die Bouteillen gierig, um dann festzustellen, dass sie vergammelte, stinkende Flüssigkeiten enthielten. Der Geruch vergorenen Weins hing tagelang in der Küche. Die leeren Flaschen standen herum. Später hat N. die alten Flaschen entsorgt, ohne sie zu öffnen.
Noch immer ist die Küche nicht restlos erforscht. Einige der Schränke sind mit Schlössern versehen, zu denen die Schlüssel fehlen. Das Angebot von Freunden, diese Schlösser aufzustemmen, hat N. immer abgelehnt.

★

Anna liest Zeitung, wie Frauen Zeitung lesen, die im Kaffeehaus auf einen Mann warten. Eine Spur zu energisch blättert sie zum zweiten Mal das Feuilleton der Neuen Zürcher Zeitung von hinten nach vorne. Das kann N. von weitem sehen, während er sich an Stühlen und Tischen vorbei einen Weg bahnt. N. ist exakt siebenundzwanzig Minuten zu spät. Erstaunlich, dass Anna noch da ist. Fast wäre es ihm lieber, sie wäre schon gegangen. Dann müsste er jetzt nicht mit großer Anstrengung an einer Entschuldigung feilen, die, das weiß N., in jedem Fall armselig ausfallen wird.

N. hatte sich schon am Morgen übermütig gefühlt. Nach einer Woche, in der der Hochnebel die Stadt verdunkelt hatte, brach das Licht an diesem Januartag kalt durch die Wolkendecke und fiel auf die letzten Schneereste. Die Wienzeile war in eine Winterallee verwandelt. Die Sonne heizte durch die Autoscheibe den Stoff seines Mantels auf. N. hatte das Gefühl, in den Bergen zu sein.

Er hatte noch Zeit bis zu seinem Treffen mit Anna. N. war noch nie zu früh zu einer Verabredung gekommen. Im letzten Moment verplemperte er immer seinen Zeitpolster und war dann erst recht wieder zu spät dran. Den Moment, in dem sich Vorsprung in Rückstand verwandelt, hatte N. immer geliebt. Was an diesem Kipp-Punkt passiert, konnte er nie begreifen, aber es ist ein Prickeln, das sich gut anfühlt.

N. nützte eine rote Ampel, um seine Lieblingskassette einzulegen. Als er in den Rückspiegel sah, fiel ihm der rote Volvo auf. Er fuhr extra langsam an, um das Auto rechts an sich vorbeiziehen zu lassen. Ein roter Volvo 240 Classic in Kombiausführung. Es war das Modell, das N. immer gerne besessen hätte. Am Steuer saß eine Frau. Es war die Frau, die N. immer gerne besessen hätte.

Das Auto bog nach rechts ab. N. musste geradeaus fahren, wenn er zu dem Treffen mit Anna wollte. Er blinkte rechts und zwängte sich auf die rechte Spur. Hinter ihm hupte jemand. Es gelang ihm, dicht hinter dem Volvo zu bleiben. Wenn er jetzt links abbiegen würde, könnte er mit einem kleinen Umweg trotzdem noch zu seinem ursprünglichen Ziel kommen. Er bog nicht links ab. Bei der nächsten Ampel gelang es ihm, kurz von schräg hinten einen Blick auf die Fahrerin zu werfen. Er musste näher an den Wagen herankommen. Jetzt schob sich ein Lieferauto zwischen sie. N. musste scharf bremsen und verfluchte den Mann.

Die Frau bog jetzt auf die Flughafenautobahn ab. N. drehte die Musik lauter. Sie musste ihn längst bemerkt haben, dachte N. und beschleunigte. Im Vorbeifahren konnte er die Frau kurz aus der Nähe sehen. Warum reagierte sie nicht? N. sah auf die Uhr. In drei Minuten sollte er Anna treffen. Er passierte die Stadtgrenze. Hier draußen lag Schnee auf den Feldern. Das Weiß blendete ihn. Im Handschuhfach musste seine Sonnenbrille sein. Bei der Geschwindigkeit war es gefährlich, mit einer Hand die Brille zu suchen. Er musste kurz das Lenkrad verreißen. Aber dafür hatte er jetzt die Sonnenbrille auf. Der verdammte Lieferwagen hatte sich auf seine Spur gedrängelt. N. beschloss, ihn rechts zu überholen. Der Fahrer hupte, als ginge es um sein Leben. N. vermied, in seine Richtung zu schauen. Jetzt war er wieder auf der linken Spur. Der rote Volvo war verschwunden.
Wenn er bei der nächsten Abzweigung umgedreht hätte, hätte er es noch rechtzeitig zu dem Treffen mit Anna schaffen können.

★

Ich glaube, es kippt bald, sagt Paul. N. macht einen langen Zug an seiner Zigarette. Wenn er lange genug nicht antwortete, würde Paul vielleicht etwas präziser werden.
Paul sagt, er warte auf den Umbruch und darauf, dass das System kippe. Er träumt davon, sich *RAF* auf seinen rechten und *APO* auf den linken Oberarm tätowieren zu lassen. N. nickt. Er stellt sich vor, wie Paul mit tätowierten Armen durch ein Schwimmbecken krault. Während der Kopf mit den winzigen Chlorbrillen rhythmisch auf- und abtaucht, schnellen abwechselnd die Wörter RAF und APO in die Höhe. Die Vorstellung amüsiert ihn. Als

nächstes würde Paul seine zwei Katzen auf die Namen Andreas und Ulrike umtaufen. Er muss grinsen.

Das geht nicht mehr lange, fährt Paul fort. N. fragt sich, ob man Revolution machen kann, indem man die ganze Zeit nur davon redet. *Reden ohne Handeln ist unrecht*, wirft N. ihm jetzt hin. Paul straft ihn mit einem wütenden Blick. Handeln! Er steht stundenlang im Atelier. *Bist du bereit, für eine kleine Utopie*?

★

Woher kommen Sie?, fragt N., mehr um sich selbst zu testen als aus echtem Interesse. Es ist eine Art Sport, der das Taxifahren unterhaltsamer macht. Dazu ist es am Anfang notwendig, eine scheinbare Diskussion über die Fahrtroute zu eröffnen. Nach drei bis vier Sätzen kann N. in den meisten Fällen den Akzent richtig zuordnen. Serbisch, Tschechisch, Ungarisch.
Diesmal hat er sich verschätzt. Der Fahrer kommt aus Polen. *Krakau oder Warschau?* Aus unerfindlichen Gründen kommen so gut wie alle Polen entweder aus Krakau oder aus Warschau. Oder aus der Nähe von Krakau. So gut wie nie kommen sie aus Posen, Danzig oder Lodz, fast so, als würden diese Städte ihre Bewohner fester halten als die anderen. In N.'s Vorstellung sind ganze Straßenzüge Warschaus oder Krakaus leer gefegt. Orte voller Lücken, die ihre ehemaligen Bewohner hinterlassen haben.
Aus Krakau.
Der Taxifahrer ist Chemiker. Er kam vor zehn Jahren mit seiner Frau in die Stadt. *Zehntausende leben hier seit Jahren im Untergrund*, sagt der Mann. *Perfekt organisiert.* Die polnische Kirche hier muss mehrere Messen abhalten,

weil der Andrang so groß ist. Polen bilden Netzwerke, die niemals reißen. An jeder legalen Existenz hängen zwanzig illegale. Wer eine Aufenthaltsgenehmigung oder Staatsbürgerschaft hat, unterstützt die anderen, die keine haben. Der Mann lacht. *Polen ist oft unter fremder Herrschaft gewesen, da lernt man, als U-Boot zu leben.* Seine Mutter hat sieben Jahre ohne Aufenthaltsgenehmigung in Brooklyn gelebt. In der polnischen Community. Dann hatte sie genug von New York und ging zurück nach Krakau.
N. zündet sich eine Zigarette an und sucht den Blick des Fahrers im Rückspiegel. *Die Polen werden Europa retten*, sagt er zu dem Gesicht im Spiegel.

★

Als N. sein Namenskärtchen auf dem Tisch sucht, sind alle anderen Gäste bereits anwesend. Erstaunlicherweise hat man ihn neben die Künstlerin platziert, zu deren Ehren dieses Abendessen stattfindet. Möglicherweise ein Irrtum, aber jetzt ist es in jedem Fall zu spät. N. schüttelt die Hand der Künstlerin, die auf seinen Druck hin keinen Widerstand leistet. *Angenehm.*
Das Abendessen findet mitten in der Ausstellung statt. Die großformatigen Fototafeln baden in grellem Neonlicht auf fensterlosen Betonwänden. An beiden Enden der Industriehalle hat die Cateringfirma Buffets errichtet. Mediterran, wie N. im Vorbeigehen mit einem Blick festgestellt hat. Auf den Tellern seiner Tischnachbarn finden sich die Variationen in Olivenöl wieder. N. will sich ein Glas Rotwein einschenken, der Kellner kommt ihm zuvor.
In der Schlange vor dem Buffet trifft N. eine alte Bekannte. Er erinnert sich weder an ihren Namen noch daran, in welchem Zusammenhang sie einander begegnet sind.

N. versucht, sein Schuldgefühl mit übertriebener Freundlichkeit zu kompensieren. Als sie sich zu dem Tellerstapel vorgeschoben haben, reißt die Unterhaltung ab.
Die anderen Gäste am Tisch haben ihre Teller bereits geleert, als N. sich an die öligen Antipasti macht. N. findet sein eigenes Benehmen letztklassig, er kann sich nicht erinnern, je mit einer solchen Gier gegessen zu haben. Zwischendurch beobachtet er die Künstlerin, die zu seiner Rechten sitzt. Spätestens jetzt müsste er die eine oder andere Höflichkeit anbringen. Die Künstlerin bemerkt ihn aber nicht und stiert abwesend in eine andere Richtung. N. beschließt, gleich nach den Antipasti, eine angemessene Konversation mit ihr anzubahnen.
Ein Knacken und Knistern in den Lautsprechern verrät, dass der Galerist jetzt ein paar Worte an die Gäste des Abends richten wird. N. lässt sein Besteck auf den Teller sinken. Während der Ansprache weiter zu essen, würde zu weit gehen. Außerdem sitzt er neben der wichtigsten Person des Abends und jedes Mal, wenn der Galerist den Namen der Künstlerin nennt, richten sich dutzende Augenpaare auf sie und damit auch auf N.
Der Galerist erwähnt jetzt die existenzielle Thematik der Fotoarbeiten und betont, dass es sich nur vordergründig um alpine Schneelandschaften handelt. Er unterstreicht die Zeichenhaftigkeit der Menschen auf den Bildern, und N. bemerkt mit Verblüffung, dass die kleinen Punkte auf den weißen Flächen Menschen darstellen. Er beobachtet das Gesicht der Künstlerin, das vollkommen regungslos bleibt. Durch unzählige solcher Ansprachen hat es sich ebenfalls in eine Gebirgslandschaft verwandelt.
Der Kurator der Ausstellung beugt sich jetzt zu der Künstlerin herab und flüstert ihr etwas ins Ohr. Die antwortet aber nicht, sondern öffnet ihre Handtasche und greift

nach ihrem Parfum. Der Kurator strahlt: ›*Teint de Neige*‹ – *passend zu deiner Ausstellung!* Dann entschuldigt er sich. Er hat auch noch eine Rede zu halten.
N. entschuldigt sich auch und verlässt den Tisch. In der Halle ist Rauchverbot. Draußen in den Vorräumen steht eine größere Gruppe. Alle rauchen. N. kann von weitem die Frau erkennen, an deren Namen er sich nicht mehr erinnert, und kehrt der Gruppe den Rücken. Er beschließt, nachher, wenn er an den Tisch zurückkehren wird, sofort einige Fragen an die Künstlerin zu richten.

★

Achtung vor Tagedieben. N. nimmt die Sonnenbrille ab. Er hat sich verlesen. Auf dem Zettel steht deutlich. *Achtung vor Trickdieben.* Einen Moment lang ist er sich nicht sicher, ob das einen Unterschied macht. Bis vor kurzem hätte er das als Warnung gelesen. Jetzt fühlt er sich ertappt.

Auf dem Markt riecht es nach verkohltem Hammelfleisch. Der kalte fettige Geruch kriecht durch die engen Wege zwischen den Buden und mischt sich frech in den Duft von Kräutern und Gemüse. Die Hammelbrater haben die Geruchshoheit, denkt N., bis er zum Fischmarkt kommt. Ein paar Regenbogenforellen treiben in trüben Aquarien. Durch einen Gartenschlauch pumpt Luft in das Gewässer. Ein mörderischer Zoo. Die Fischhändler stehen in ihren blutigen Schürzen den Fleischern um nichts nach. Darüber kann der friedliche Anblick von Jakobsmuscheln auf gestoßenem Eis auch nicht hinweg täuschen.
In den Bioladen geht N. nur, weil ihm ein Mädchen in Lackstiefeln aufgefallen ist, das gerade in der Tür verschwunden ist. Manchmal ist seine Neugierde auf das Ge-

sicht einer Frau, die er nur von hinten oder von der Seite gesehen hat, so groß, dass er sogar eine Vollwertbäckerei betritt. Diesmal ist es so wie in den meisten Fällen. Das Ganze hält nicht, was ein Teil versprochen hat. Die Frau sieht ganz anders aus, als N. sie sich vorgestellt hat. Gerne würde er sie beschimpfen und ihr vorhalten, sie habe ihn getäuscht. Sie habe seine Zeit gestohlen und seine Erwartungen vernachlässigt. Der Gedanke, schmallippige Antworten einer makrobiotischen Feministin ertragen zu müssen, hält ihn davon ab. Als er aus der Tür tritt, bimmeln mehrere kleine Glöckchen, die ihm beim Hineingehen nicht aufgefallen sind. Draußen hat es zu regnen begonnen. Der Schnee hat sich in Matsch verwandelt.
Als er an dem Zettel vorbei kommt, ist die Schrift verwaschen und das Wort *Trickdiebe* fast nicht mehr zu entziffern.

★

Man muss den Schlendrian der Stadt zu seinem eigenen machen, denkt N., und dass sich keine Stadt besser dazu eignet als diese. In ihrer Balkanhaftigkeit hat sie die Metropolen des Ostens längst hinter sich gelassen. Je weiter man nach Osten fährt, desto westlicher gebärden sich die Menschen. Der so genannte Balkan, längst eine Hochburg des Kapitalismus.
Aber hier, hier haben die Lässigkeit des Südens und die Wurstigkeit des Ostens überlebt, haben eine groteske Allianz gebildet, sind ein fatales Bündnis eingegangen. Der amerikanische Traum hat hier keine Chance. Der lächerliche Glaube an Mobilität und Fortschritt, die unsinnige Rastlosigkeit, die im Road Movie zum Mythos erhoben wird, die Illusion, Erkenntnis durch Bewegung zu erlangen, all das prallt an dieser Stadt seit jeher ab.

Es geht um die Konzentration, denkt N., um die größtmögliche Verdichtung der Ereignisse auf kleinstmöglichem Raum. Es ist das alte Missverständnis des Westens, denkt N., dass mit der geografischen Expansion die geistige Erweiterung zunehme. Ein Irrtum. Das geistige Drama findet weder auf dem Mond noch auf dem Mars statt, es entspinnt sich auf der Fläche eines Stecknadelkopfes.

Mit diesen Gedanken steigt N. in die Straßenbahn ein, die quietschend in die Haltestelle eingefahren ist. Auf einem der Sitzplätze, die für Mütter mit Kleinkindern reserviert sind, sitzt ein Mann in Frack und Zylinder. Möglicherweise ein Ballbesucher.

★

Es ist *ihre* Stimme, kein Zweifel. N. dreht das Autoradio lauter. Was erzählt sie da? Keine Ahnung. Es kommt ohnehin nur auf die Art an, wie sie das R sagt. Eigentlich ist es nicht das R. Das R ist tadellos. Es ist der kurze Moment zwischen dem R und dem nächsten A oder E. Jetzt ist sie also Radiomoderatorin geworden.
Es hatte N. gefallen, dass sie ihm nie in die Augen gesehen hatte, wenn sie ihm irgendeinen Irrsinn erzählte. Von Fledermäusen, die sich für eine Nacht in ihr Wohnzimmer verirrt hatten. Oder von dem Freund, der nach Tokyo flog, um sich dort die Haare schneiden zu lassen. Es waren nicht nur die Augen. Auch die Hände irrlichterten bei ihren Geschichten durch den Raum. Dazu passte diese Stimme, die zwischen den Sätzen hin und her flatterte. Sie schien niemals Atem zu holen. Und wenn, dann nicht dann, wenn man es erwartete. N. war sich nicht sicher, ob die Sache mit dem R ein Sprachfehler war oder nur die Färbung ir-

gendeines regionalen Akzentes. Vielleicht war es auch nur ein Trick. Jedenfalls war sie ziemlich cool. Sie redete nicht lange herum. N. war ziemlich überrascht, dass derselbe Körper, der zuvor nervös im Kapuzensweater gezappelt hatte, sich wenig später so konzentriert um seinen eigenen schlang. Es geschah mit einer Präzision, die N. nicht von ihr erwartet hätte. Kurz hatte ihn das skeptisch gemacht. Aber dann war es ihm egal gewesen, wann und an wem sie ihre Technik perfektioniert hatte. Es lag etwas Sachliches in ihrer Art, das keine Peinlichkeit aufkommen ließ. Sie begegneten einander nicht mehr. Einmal fand N. einen Zettel von ihr, auf der Windschutzscheibe seines Autos.

★

Wenn man lange mit geschlossenen Augen in die Sonne schaut, entsteht im Inneren ein Orangeton. N. genießt die Schläfrigkeit. Die Steinrampe, auf der er sitzt, ist eiskalt, aber die Wärme auf seinem Gesicht und auf seiner Brust macht ihn träge. Zu träge, um aufzustehen oder seine Position zu verändern.
Eine Mädchenstimme dringt in das Orange. Sie richtet sich an den Mann, der neben ihm sitzt. N. will die Augen öffnen, aber das grelle Licht erlaubt ihm nur, sie zu schmalen Schlitzen zu formen. N. kann die Silhouette des Mädchens erkennen. Eine schmale Figur mit langem dunklem Haar. Das Mädchen wirkt aufgeregt. Der Mann, der vorher nur mit seinem Hund gesprochen hat, scheint sich zu freuen. Vielleicht ist sie seine Freundin. Sie spricht hektisch.
N. beginnt schneller zu atmen. Als hätte jemand den Geschwindigkeitsregler verstellt. Er ärgert sich, dass es ihm nie gelingt, seine Umgebung zu ignorieren. Stattdessen

passt er sich ihr an wie ein Chamäleon. Das Mädchen hat viel zu erzählen und es scheint sich beim Sprechen selbst überholen zu wollen. N. fragt sich, ob sie jemals Luft holt. Manchmal, wenn er glaubt, dass sie eine Pause machen muss, weil der Satz zu Ende ist, ertappt N. sich dabei, dass er für sie einatmet. Sie spricht weiter und schachtelt noch einen halben Satz in den gerade gesagten. Sie füllt alles mit ihrem Reden aus. Wenn der Mann einen Satz beginnt, reißt sie diesen Satz an sich und beendet ihn, bevor er es tun kann. Den Mann scheint das nicht zu stören. Vielleicht bemerkt er nicht, dass er seiner Satzhälften beraubt wird. N. spürt plötzlich die Kälte, die von der Steinrampe aus in seinen Mantel gekrochen ist. Zeit zu gehen.

★

Was hast du seit damals gemacht? 1979. N. versucht die Jahreszahl mit einer Erinnerung zu verknüpfen. England. Sprachferien. Brighton Pier. Tee mit Milch. Gurkensandwich. Disco. Mit Steve hatte er seine erste ›Silk Cut‹ geraucht. Die Mädchen wollten alle aussehen wie Jennifer Beals. Nach einer Woche küsste er eine von ihnen. Sie schmeckte nach Erdnussbutter.

Jetzt steht Steve mit seinem Designerleben vor ihm und erwartet eine kompakte Biographie. Wie erzählt man sein Leben in einem logischen Bogen, wenn es in Wahrheit aussieht wie ein nervöses EKG?

Kontinuität? In N.'s Wahrnehmung zerfällt sein Leben in Splitter, die, zusammen genommen, weniger als die Summe der einzelnen Teile sind. In der Schule hatte man im Physikunterricht gelernt, wie ein Fernseher funktioniert. N. stellte sich die tausende Lichtpunkte vor. Damals war er beruhigt, dass so viele Einzelteile ein wirkliches

Bild ergeben. Zumindest eines, auf dem jeder dasselbe erkennen konnte. Er hatte die Mathematik gemocht, die aus Punkten eine Kurve und aus dieser das Integral extrapoliert. Also, dachte N., war es möglich, sich aus einzelnen erlebten Momenten einer nahezu präzisen Wirklichkeit anzunähern.
Je mehr solcher Momente sich in seinem Leben ansammelten, desto weniger ergaben sie ein schlüssiges Bild. Sie ließen sich beim besten Willen nicht mehr zu einer Kurve zusammenfügen.
Rein grafisch gesehen, sah sein Leben rückblickend aus wie ein Burda-Schnittbogen. Vielleicht waren ihm aus diesem Grund die meisten Kinofilme immer fremd. Spätestens wenn er sein eigenes Leben mit den Filmleben verglich, fühlte er sich unpassend. Die klaren Eckpunkte einer Biographie, die, wenn man sie mit Strichen verbindet, wie man es als Kind in Malbüchern tut, ein Bild ergeben, lagen bei ihm so verschoben und verzerrt auseinander, dass sich nie und nimmer eine erkennbare Figur ergab. Selbst Sterne, und liegen sie noch so weit auseinander, ergeben verbunden so etwas wie Wagen oder Bären. Die Ereignisse seiner Vergangenheit ergeben nichts. Keine Linie, wie in einer Hollywoodbiographie, keine Kurve, wie in einem anständigen Theaterstück. *Vergiss es.*

★

Der Staat ist ein autoritärer Saftladen, sagt Paul und lässt den Satz in der Mitte seines Ateliers stehen. N. stochert mit der Zigarette im Aschenbecher herum. *Der Staat ist vom sozialistischen Selbstbedienungsladen zum autoritären Saftladen verkommen. Die Kritik hat sich kaufen lassen. Der*

Journalismus ist tot. Es lebe die Propaganda. Die Justiz ist als nächstes dran.
Pauls Sätze hängen wie Girlanden im Raum und mischen sich mit dem Rauch des Abends. Komisch, denkt N., Stehsätze, die in der Luft hängen.
Der Neoliberalismus ist ein zynisches Konzept und frisst uns alle auf. Der Staat verhindert die Revolte, indem er seine Bürger mit Pflichten beschäftigt, die er selbst abwälzt. Wir haben keine Zeit nachzudenken, weil wir über unsere Pensionsvorsorge nachdenken. Die Politik verhindert das Politische und baut ihre eigene Macht aus. An den Wahlurnen stimmen die Menschen über ihren eigenen Untergang ab.
N. denkt, dass Pauls Ansichten auch nur wie Propaganda klingen. Disko-Diskurs. N. ist zu müde. Es sind die Gespräche, die mittlerweile jeden Abend ersticken, egal wohin man geht, egal mit wem man redet. Das Unbehagen sitzt wie ein tausendarmiger Polyp an den Küchentischen, in den Wirtshausstuben und an den Bartheken. An den Schulen, Universitäten, in den Sekretariaten der Büros, vor den Kaffeeautomaten, in Telefonleitungen, in E-Mails. Anfangs noch mit einem Augenzwinkern in schelmischem Einverständnis vorgetragen. Dann zu einem Lamento angeschwollen. Schließlich als Metastasen im ganzen Gesellschaftskörper verbreitet. Die Krake hat ihre Fangarme ausgefahren. Jetzt holt sie ihre Beute.
Trotzdem, denkt N., es ist ein sattes Unbehagen. Ein Gären. Zu satt, um in einem tödlichen Prozess zu enden.
Es wird in einem tödlichen Prozess enden, sagt Paul. Hoffentlich, denkt N. und sagt nichts.

2

Als N. aus dem Haus tritt, ist Sommer. Die Zigarette schmeckt in der lauen Luft plötzlich anders. Samtig. Die Frauen haben über Nacht Pastellfarben angelegt. Jemand hat sie eingescannt und mit dem Weichzeichner behandelt. Überall Schenkel, Schultern. Sex auf den Bäumen. Sex in den Straßen. Sex in der Luft.

N. nimmt eine leichtere Gangart an sich wahr, federnd, als er die Straße überqueren will. Er erschrickt: Auf dem Rasenstreifen neben der Fahrbahn liegt ein Mann. Im Schatten eines Müllcontainers hat er sich, die Aktentasche daneben, wie zum Schlafen hingelegt. Der Mann trägt Anzug und Krawatte und ruht, mit geschlossenen Augen, Arme und Beine ausgestreckt, mitten im Verkehrslärm. Er könnte Banker oder Rechtsanwalt sein, denkt N., verwirft den Gedanken aber wieder. Würde der Mann Anzeichen von Verwahrlosung, Trunkenheit oder Kreislaufproblemen zeigen, könnte N. jetzt als Retter auftreten. Einen Moment lang stellt er sich vor, wie er neben dem Bewusstlosen knien würde. Er würde für diese Situation einen sehr ernsten Gesichtsausdruck wählen und sich in Gedanken die Sätze zurechtlegen, die er den herbeieilenden Sanitätern zu Protokoll geben würde. Eine Menschentraube würde sich bilden. Er, N., würde die Intimsphäre des Unbekannten schützen und den schaulustigen Mob in die Schranken weisen. Würde, während die Helfer den Mann auf eine Bahre heben, ab und zu auf die Uhr sehen. Und klar machen, dass er, außer Held zu sein, heute noch andere Dinge zu tun hat. Dann würde er die Menschenmenge durchschreiten und, während sich der Rettungswagen mit leiser werdender Sirene entfernt, versuchen aufzuschnappen, was sich die Umstehenden gegenseitig zuraunen.
N. blickt über die Straße. Gibt es noch andere Passanten,

die den Schläfer im Gras bemerkt haben? Könnte man an den Reaktionen der anderen die richtige Vorgehensweise ablesen? Zwei Radfahrer fahren vorbei. Sie scheinen nichts zu bemerken. Alle anderen Leute gehen in Richtung Straßenbahnhaltestelle. Sie können den eingerollten Mann nicht sehen.
N. dreht sich noch einmal um. Jetzt würde er sich die seltsame Figur aus der Nähe ansehen. Aber das Rasenstück ist leer.

★

N. hat seit langem den Kofferraum seines Autos nicht mehr geöffnet. Als er jetzt den Deckel aufmacht, um nach seiner Lieblingsbadehose zu suchen, traut er seinen Augen nicht. Zwanzig Kilogramm Brennholz vom letzten Winter lagern in seinem Auto, ohne dass er sich daran erinnern könnte. Die Badehose muss irgendwo darunter sein. Bevor N. zum Grund des Kofferraums vordringen kann, muss er die schweren Säcke mit Eichenholz herausheben und auf die Straße stellen. Er spürt das T-Shirt am unteren Rücken auf seiner Haut kleben.
Die karierte Badehose ist unauffindbar. Dafür stößt N. auf mehrere Papiertüten. In die hat N., wie er sich jetzt erinnert, beim letzten Werkstättenbesuch hastig alles gestopft, was sich im Inneren des Autos befunden hatte. N. stößt auf versteinerten Kaugummi, alte Rechnungen und noch ältere Musikkassetten von Bands, deren Namen keiner mehr kennt; selbst aufgenommene Mischungen, die N. an seine Studentenzeit erinnern. Und Kassetten, die Exfreundinnen im ersten Liebesrausch aufgenommen haben und die N. bis heute erklären, warum aus diesen Gefühlsaufwallungen niemals mehr wurde.

Die braven Mädchenhandschriften lassen Gesichter wiederauferstehen, die er längst vergessen hat. Manche Kassetten kann er exakt einem Urlaub zuordnen, andere haben ein paar Sommer lang gehalten. Bei einigen ist die Schrift über die Jahre völlig verblasst. Namenlose Kassetten. Vergessene Musik.
Seltsam, denkt N., dass er sich bei jeder krakeligen Schrift noch an die dazugehörige Person erinnern kann. Mit Ausnahme des einen Kassettengehäuses, das er jetzt in der Hand hält und dessen Inhalt fehlt. Wer hat diese Zeilen geschrieben? Statt Titel und Bandnamen ist auf die Vorderseite der Plastikhülle ein Zitat geschrieben. Mit dickem Filzstift und entschlossenem Strich. *Es gibt keine Entscheidungen, es gibt nur Intensitäten.*

★

Der Typ hinter der Bar trägt ein T-Shirt mit dem Aufdruck *Ich mach auch was mit Medien* und eine schwarze Elvis Costello-Brille. N. wünscht sich in diesem Moment, dass auf seinem eigenen T-Shirt in großen Lettern *Selbstmordattentäter* stünde, und fragt sich, ob das hier jemandem auffiele.
An den Tischen sind keine Sitzplätze frei oder nur solche, bei denen man als Fremdkörper in eine Clique platzen würde, die über neue Videoprojekte redet. N. bleibt an der Bar stehen und beobachtet den DJ. N. ist sich sicher, dass es der schmalste DJ ist, den er je gesehen hat. Wäre er ein Mädchen, würde man ihn der Bulimie verdächtigen. Wäre er eine Comicfigur, dann sicher Lucky Luke, der Mann, der schneller schießt als sein Schatten. Vielleicht ist er ohnehin nur sein eigener Schatten, der sich als dunkler Strich gegen die Plattenteller abhebt. Wie alle DJs scheint

auch er von einer Sphäre unendlicher Einsamkeit umgeben. Ein Sputnik, lautlos im Getöse.
Im restlichen Lokal stehen Leute, die keinen T-Shirt-Aufdruck brauchen, weil man sie auch so zuordnen kann. Typen, die auf die Frage *Was machst du?* mit *Ich arbeite an einem neuen Projekt* antworten. Mädchen, die sich für so wenig erwachsen halten, dass sie Haarspangen tragen.
Auf die vergilbte Wand hinter der Theke hat ein polnischer Künstler mit schwarzer Farbe Profil und Porträt eines Mannes mit Schnurrbart und Schlurffrisur gemalt und darunter *Aussehen ist nicht so wichtig* geschrieben.

★

Bist du romantisch? N. glaubt nicht recht zu hören. Er selbst hat diese Frage gestellt. Oder irgendetwas in ihm hat die Frage in ihre Richtung gestellt. Jetzt klebt der Satz wie ein großes Fragezeichen auf dem Gesicht der Frau. Wahrscheinlich schnappe ich jetzt über, denkt N., vielleicht ist es auch die Hitze. Oder der Wodka. Oder der Sommer im allgemeinen. Oder dieser seltsame Sommer im speziellen. In dem nichts mehr stimmt. In dem die achtziger Jahre wie Geister auferstehen. Die Jahre, die auf irgendwelchen alten Musikkassetten in Schubladen und Kofferräumen vergammeln. Erinnerungen an geschorene Nacken, *Tausend Takte Tanz*, an Haargel, mit dem das messerscharf geschnittene Deckhaar an die Schläfen geklebt wurde, *Tanz den Mussolini*.
Aus den Lautsprechern kommt Synthie-Pop. Ein paar Typen haben sich allen Ernstes Kajalstift um die Augenränder gemalt. Ihre Kopfhaut schimmert durch das kurz rasierte Haar an den Schläfen, darüber fällt ein deutlich längerer Schopf, der im Nacken auf das T-Shirt trifft.

Jetzt ist es soweit. Der Punkt, an dem sich alles wiederholt. Der Ekel, der einen befallen hat. *Das haben wir damals auch getragen.* Der Kreis schließt sich. Die Falle ist zugeschnappt, sie ist *doch* zugeschnappt. *Ich gehe nicht in diese Scheißfalle*, hat N. immer gedacht. Mich kriegen sie nicht. Jetzt fühlt N. sich wie einer, der Ende August die Tage beschwört, nicht kürzer zu werden. Genauso gut könnte er durch den Regen laufen und den Tropfen befehlen, sich nach oben zu bewegen statt auf die Erde zu fallen.
Es ist sinnlos, sagt N. zu der Frau. Aber die ist längst gegangen.

★

Eine Zehntelsekunde zu spät bemerkt N., dass etwas passiert ist, das nicht hätte passieren dürfen. Jetzt reißt er den Hut mit einer schnellen Bewegung vom Bett weg, als könnte er das Missgeschick ungeschehen machen und sich selbst in seinem Aberglauben betrügen. Sinnlos. Der Panamastrohhut hat eindeutig für einen kurzen Moment lang auf dem Bettzeug gelegen. Die hastige Reaktion kann diese Tatsache nicht ungeschehen machen. N. nimmt den vergilbten Hut in die Hand und trägt ihn an das andere Ende der Wohnung. Dabei versucht er sich zu erinnern, in welchem Film er diesen Unfug aufgeschnappt hat. Dass es Unglück bringt, eine Kopfbedeckung auf das Bett zu legen. Es fällt ihm nicht ein. Das Ripsband auf der Außenseite des Hutes glänzt speckig.

★

N. hat nicht mit Xenia gerechnet. Sie waren einander plötzlich gegenübergestanden, ungeplant. Als hätte sie jemand dorthin geschubst. Vielleicht ein Spieler, der zwei Figuren auf einer riesigen Spielfläche verschiebt, nur um zu sehen, was passieren würde. N. hat diesen Moment immer wieder im Zeitraffer passieren lassen. Wobei die Zeit tatsächlich ihr Tempo verlangsamte, obwohl das unlogisch klingt. Aus einer sehr schnellen Bewegung heraus stellte sich seine Wahrnehmung plötzlich scharf. Ab diesem Zeitpunkt spaltete sich die Situation auf. In eine Achse, die sein rechtes Auge mit dem rechten Auge von Xenia verband. Und in den Rest, der sie umgab. Müsste N. aus diesem Moment ein Musikvideo drehen, würde er ihre Gesichter ausschneiden und alles um sie herum in Schwarzweiß verdämmern lassen. Die Gespräche der anderen Leute, die an dieser Szene beteiligt waren, würden zu gedämpften Off-Stimmen reduziert.
Es hat aber niemand ein Musikvideo bestellt und deswegen läuft der Film seit einer Woche exklusiv ins N.'s Kopf. Ohne Pause.
N. hat den kleinen linierten Zettel so oft auf und zu gefaltet, dass er schon völlig zerknittert ist. Ihre Handschrift ist das einzig Reale, der Beweis, dass dieser Moment wirklich stattgefunden hat.
N. findet seine eigene Handschrift langweilig. Hat er sich früher noch bemüht, ihr einen exaltierten Anstrich zu geben, indem er einzelne Buchstaben aus der Kurrentschrift einflocht, ist es ihm zunehmend egal geworden, wie seine Schrift auf andere wirkt. Er bemerkt außerdem, dass er das Schreiben immer mehr verlernt, weil ihm die Tasten seines Laptops geläufiger sind als jeder Schreibstift. Manchmal kann er seine eigene Schrift nicht lesen.
Xenias Handschrift ist so, wie er auch sie selbst von der

ersten Sekunde an wahrgenommen hat. Verwegen, nervös, angespannt. Am Sprung. Ihre Handschrift zu besitzen ist wie ein Bild von ihr bei sich zu tragen.

N. würde sie noch am selben Abend anrufen. Er hat jede Minute, die seitdem vergangen ist, als Zumutung und Zeitverschwendung empfunden. Abgesehen davon konnte er an nichts anderes mehr denken. Wochenlang hatte er keinen Menschen um sich herum wahrgenommen. Xenias Kontur ist binnen Sekunden entstanden. Eine scharfe Linie am Rande des milchigen Ozeans, in dem er trieb, ein behagliches Fluidum, das sich einzuverleiben ihm allergrößte Lust bereitete und das dennoch vage blieb. An manchen Tagen konnte er die Ur-Suppe aus einer Art Distanz betrachten, wie durch eine Taucherglocke.

An diesem Abend ist das Hämmern in seinem Schädel, in seinem Herz, oder wo immer es auch herkommt, stärker. N. erinnert sich an einen Zeitungsartikel, in dem der menschliche Adrenalinausstoß in Stresssituationen mit dem von Tieren auf der Jagd verglichen wurde. Er kann sich nicht vorstellen, dass ein Tiger auf Antilopenjagd auch nur annähernd dasselbe mitmacht, wie er in diesen Stunden.
Als er sie gegen Mitternacht anruft, ist sie nicht erstaunt.

★

Wie sieht sie aus?, hat Paul gefragt. *Wie Nadia Comaneci,* hat N. geantwortet. Paul sieht ihn ratlos an.
N. hatte alle Zeitungsartikel über Nadia Comaneci ausgeschnitten und gesammelt. Als er klein war. Bei ihm zu Hause gab es keinen Fernseher, also konnte er sie ganz

selten in Bewegung sehen. Auf den Fotos bog sich ihr kindlicher Körper so stark durch, dass N. glaubte, sie sei vollkommen elastisch. In ihrem langärmeligen Turntrikot wölbte sie ihre flache Brust nach vorne und schob die Hüften nach hinten. Ihr Leib war gespannt wie ein Bogen. Ihr Gesicht verriet kein Gefühl, ihre Augen schienen seit langem tot. Das einzige, was sich bewegte, war ihr Pferdeschwanz. Den konnten die kommunistischen Trainer nicht bezwingen.
Einmal durfte N. bei einem Schulfreund fernsehen. Das war zur Zeit der Olympischen Spiele. Die anderen wollten unbedingt den Staffellauf sehen. N. starrte gebannt auf den Bildschirm. Warum zeigten sie nicht die Turner? Später, als er nach Hause musste, schwenkte die Kamera auf einen Schwebebalken. Für einen kurzen Moment konnte er Nadia sehen. Ihre Beine flogen abgezirkelt um die Holzstange herum. Ihre Hände waren so stark, dass sie ihren ganzen Körper auf dem Balken trugen. Nach der Übung blies sie ihren Pony aus dem Gesicht. Wahrscheinlich lächelte sie.

★

Zum ersten Treffen kommt Xenia zu spät. Sie entschuldigt sich nicht. Irgendetwas oder irgendjemand hat sie aufgehalten. Sie lächelt dabei nicht. Vom ersten Moment an macht sie klar, dass alles, was in ihrem Leben vorfällt oder mit ihrem Leben zu tun hat, ernst ist. N. ist nicht im geringsten irritiert, denn für ihn ist auch von Anfang an klar, dass alles, was mit Xenia zu tun hat, extrem wichtig ist. Er ist erleichtert. Sie raucht genauso hektisch wie er.
Es ist schwer, ihr in die Augen zu sehen. Ihr Blick rutscht alle Augenblicke irgendwo hin und klebt dann an ir-

gendeinem Punkt fest, der hinter N. liegen muss. Nach einer Zeit gewöhnt er sich daran. Es wird besser, als er nicht mehr versucht, ihr in die Augen zu sehen. Wahrscheinlich hält sie sich für ein Tier, das N. erlegen soll. Sie macht es ihm nicht leicht.
Xenia sagt, *Ein Punk bist du im Herzen. Die Frisur ist egal.* N. fragt sich, wie sie wohl mit einer Bankräubermütze aussehen würde. Er will sie so schnell wie möglich küssen. In jedem Fall müssen sie raus aus der Bar.

Draußen sind sie allein mit der Nacht. Es ist eine lichtlose Nacht. Das Wasser des Donaukanals ist genauso schwarz wie der Himmel. Fast wie ein Hörspiel, denkt N. Wenn keiner spricht, ist da nur das schmatzende Geräusch des schmutzigen Wassers. Es gibt keine Punkte mehr, zu denen Xenias Blick ausweichen kann, also sieht sie beim Gehen auf ihre Schuhspitzen. Sie trägt weiche Pumas. Typisch. Mit denen kann sie wahrscheinlich lautlos schleichen, und wenn es darauf ankäme, mit einem Satz flüchten. Xenia scheint in ständiger Alarmbereitschaft. Ihr ganzer Körper ein Frühwarnsystem. Mit ihr könnte man Autos knacken. Sie wäre diejenige, die Schmiere stehen würde. Xenia ist garantiert keine Globalisierungsgegnerin und es ist wenig wahrscheinlich, dass sie in gelbem Ölzeug eine Bohrinsel besetzen würde. Xenia kämpft, falls überhaupt, ausschließlich für sich selbst. Gegen den Rest.
Sie sind am Schwedenplatz angelangt. *Die Trance nicht verlassen*, antwortet N. Wahrscheinlich hat Xenia gar keine Frage gestellt. Als sie im Taxi sitzen, würde N. gerne ihren Hinterkopf nehmen und sie an sich ziehen. Aber sie sprechen nicht, und N. wartet.

Xenias Wohnung ist schlufig und hat endlose Verzweigungen. Ein Labyrinth. N. hat den Eindruck, dass es ausschließlich aus Gängen besteht. Schließlich führt sie ihn in eine Art Salon. Xenia schaltet nur eine kleine Lampe an. N. ist erleichtert, dass sie nicht der Typ ist, der überall Kerzen anzündet. Das Zimmer ist ein Sammelsurium aus seltsamen Objekten. Keines der Möbel scheint zum anderen zu passen. Es ist schwer zu sagen, ob sie vom Flohmarkt stammen oder von einer Tante geerbt sind. Dazwischen ist Xenias fiebriges Leben zu erahnen. Aber es hat sich nicht so recht gegen die Wohnung durchgesetzt. Es sieht aus, als hätte sie, wie eine Untermieterin, nur ihre Stereoanlage, ihre Plattensammlung und ein paar Aschenbecher dazwischen abgestellt.

N. zündet sich eine Zigarette an und bedient sich an der gut sortierten Hausbar. Xenia will nichts trinken. Sie kümmert sich um die Musik.
In den Gliedern dieser sonst so ungelenken Stadt zuckt ein Feuer, das den Wunsch zum Leichtsinn hat. Eine Liedzeile für den Moment. Vertrautheit. Sie sitzen vielleicht auf fremden Möbeln, aber sie hören die richtige Musik. N. lässt seine Hand vorsichtig auf ihr Bein sinken. Ihre Muskeln entspannen sich. Der Zitteraal hört auf zu zittern. Er hat den Eindruck, dass sie die ganze Zeit darauf gewartet hat. *Ich habe die ganze Zeit darauf gewartet.*
Sie verlassen das Sofa nur, um die Musik zu wechseln. Es macht keinen Unterschied, wer aufsteht und zum CD-Spieler geht, denn ihre Plattensammlung ist praktisch identisch mit seiner. Sie hören sich rückwärts durch die Musikgeschichte, und als sie bei Khatchaturian angelangt sind, denken sie sich Szenen aus Schwarzweißfilmen aus, die zu den pathetisch schrillen Klängen passen. Als sie sich

lieben, ist es vier Uhr morgens, und als sie aufwachen, lieben sie sich noch immer.

★

Bevor er den Ausstellungsraum erreicht, muss N. sich an einem Tisch mit Weingläsern vorbeizwängen. Würde niemand im weiteren Verlauf des Abends Wein trinken, und bliebe die Anordnung der rund einhundert Achtelgläser so, wie sie es jetzt, während der Ansprache, ist, könnte man das Ensemble womöglich für ein Kunstwerk halten. In diesem Moment setzt der Applaus ein. Die Ausstellung ist eröffnet. Mit der Logik der Vernissagen zerfällt das Publikum in kleine Gruppen. Meist stehen drei oder vier Menschen vor einer Videoleinwand, die sie nicht betrachten, und versperren den anderen Besuchern die Sicht. Binnen kürzester Zeit ist der Besucherstrom auf diese Art blockiert. Nichts geht mehr. N. ist zwischen mehreren Damen eingekeilt, ins Gewirr ihrer Kommentare geraten. Ein lautes Brüllen ist zu hören. Einzelne unflätige Wortfetzen dringen durch das Gemurmel der Stehparty. Die Damen zwingen sich zu einem Verhalten, das sie für nobel halten, und geben vor, den schreienden Mann nicht zu bemerken. Erst als die Schreie von einem lauten Klatschen begleitet werden, drehen sie die Köpfe in die Richtung des Störfaktors. Ein Mann, barfuß, schüttet Bier aus einer Dose auf den Boden. Er schreit wie ein Tier und schlägt sich mit der zweiten Hand auf den kahl geschorenen Kopf. Eine dünne Blutspur rinnt über die Glatze. Der Tobende läuft durch die Ausstellungshalle. Um ihn bilden sich Schneisen der Zurückweichenden. Ein paar Leute lachen verlegen. Über dem versammelten Publikum liegt die Übereinkunft ziviler Toleranz. Entweder rastet dieser

Mann aus und ist krank. Dafür muss man Verständnis haben. Oder es handelt sich um eine aktionistische Performance. Dann muss man erst recht Verständnis haben.

★

Es ist die vierte Zigarette. N. nimmt sie langsam aus der Packung. Vielleicht könnte er so für einen Moment die Zeit anhalten. Das erste Treffen nach der ersten Nacht ist das schwierigste. Deswegen ist es auch besser, möglichst lange zu warten und dann erst die Telefonnummer auf dem winzigen Zettel zu wählen. Solange man einander nicht wieder trifft, gilt alles, was in der ersten Nacht gesagt und getan wurde. Bis auf Widerruf sozusagen. Es ist wie mit neuen Schuhen. Solange sie neu sind und zu Hause stehen, kann man sich darüber hinwegtäuschen, dass sie eines Tages kaputt sein werden. Oder wie bei einem guten Buch. Das man eine Zeit lang weglegt, um den Moment hinauszuzögern, da man es zu Ende gelesen haben wird. N. hat aus diesem Grund jahrelang nur erste Nächte verbracht und sich so eine scheinbar endlose Liebesgeschichte zusammen gesampelt. Eine Ekstase, die er nur manchmal unterbrach, um Luft zu holen.

★

Paul? Aus dem Telefonhörer quillt Musik. *Paul, bist du noch da?* Paul will einem, kaum hat man ihn erreicht, immer sofort seine neueste Lieblingsnummer vorspielen. Übers Telefon. N. kann sich vorstellen, wie Paul jetzt am anderen Ende der Leitung den Hörer zwischen sein rechtes Ohr und seine rechte Schulter klemmt und dabei ganz schief in seinem T-Shirt dasteht, weil er gleichzeitig eine

Schallplatte aus einer Hülle nimmt und sie im nächsten Moment auf den Plattenteller legen wird. Paul interessiert sich grundsätzlich nicht dafür, ob N. jetzt, in diesem Moment, dieses Stück Musik hören will. Paul kann sich überhaupt nicht vorstellen, dass jemanden das, was ihn gerade interessiert, nicht interessiert. Das übersteigt seine Vorstellungskraft.
Es ist auch unwahrscheinlich, dass es außer N. jemanden gibt, der sich nicht dafür interessiert. Paul lebt in perfektem Einklang mit dem Geschmackssystem seiner Szene. Die Band, die er gut findet, ist auch auf dem neuen Spex-Cover. Die Partys, auf denen er war, sind immer die, von denen alle reden. Paul hat ein Radarsystem, mit dem er aus einem Angebot von zehn Vernissagen diejenige herausfindet, auf der man, rückblickend, gewesen sein muss. Genau genommen ist es kein Radarsystem. Es ist das Ergebnis einer nahezu vierundzwanzigstündigen Telefonbereitschaft. Paul kann man immer erreichen, und deswegen erreichen ihn alle Informationen. *Wir leben im Verbund.* Seine Informanten profitieren davon. Wo Paul auftaucht, ist es richtig. Seine Anwesenheit bestätigt das System.
Zu Paul gehört eine Freundin. Ab und zu ändert sich ihr Vorname. Eigentlich ist sie mehr ein Schatten, der an ihm dranklebt. Aber ohne diesen Schatten kann man sich Paul nicht vorstellen. An ihm hängt immer jemand dran. N. glaubt, dass Paul seine Freundin liebt. Reden würde er darüber nie. Was nicht heißt, dass man mit Paul nicht über Frauen reden kann. Mit Paul kann man über alles reden.
Paul anrufen heißt, in ein Partyuniversum einchecken. Darauf hat N. heute Abend Lust.

★

Es regnet, als N. und Paul zum großen Kommunistenfest fahren. *Wir nehmen ein Taxi*, hat Paul gesagt, und dabei klar gemacht, dass an diesem Abend gesoffen wird. Paul hat allen Ernstes, und dafür könnte N. ihn ohrfeigen, ein grünes T-Shirt mit einem roten Stern angezogen.
In die feuchtkalte Abendluft mischt sich der Geruch von Hammelfett und Holzkohle. Maisfladen brutzeln in Pfannen, der Boden ist übersät mit Plastikbechern. Die wackeligen Buden sind mit Fahnen und Transparenten behängt. Nicaragua, Ecuador, Kuba, Kolumbien. N. konnte Flaggen und Länder einander noch nie richtig zuordnen. Auf einer Bühne in der Mitte der Wiese brüllt ein Mann *Solidarität* in sein Mikrofon. Um ihn herum stehen Musiker in Ponchos. Die Männer halten ihre Gitarren im Anschlag. Sie wirken wie Statisten auf einem seltsamen marxistischen Jahrmarkt, denkt N.
Aus dutzenden kleinen Lautsprechern scheppert Musik. Weltmusik. Eine globale Musiktapete. Paul drängt zum Kolumbien-Stand. Unter einer Zeltplane sind drei Heurigenbänke aufgestellt. Hier hat sich Paul mit Freunden verabredet. Es ist so eng, dass N. den warmen Rücken einer Frau an seinem eigenen spüren kann. N. lässt sich von dem schnatternden Spanisch der Frauen betäuben. Sie werfen ihre langen schwarzen Haare aus dem Gesicht und rufen *Màximo, Màximo*! Màximo ist ein dicker Mann um die Fünfzig, in kariertem Hemd mit Hut und Schnurrbart. Er hält lässig ein Instrument in der Hand, das N. noch nie gesehen hat.
Paul schreit immer wieder *Hey Màximo!* und bestellt die dritte Runde Mojitos. N. registriert noch, dass die Mojitos viel zu teuer sind. Dann verschwimmt die Szenerie zu einem ekstatischen Karussell. Eine der Frauen, Patricia, hat ihn umarmt und schreit unentwegt irgendetwas in

sein rechtes Ohr. N. muss sich dabei stark verkrümmen, weil Patricia so klein ist. Dann tanzen plötzlich alle im Regen und schütteln sich zu Màximos Revolutionsliedern. N. versucht, Paul in der Menge auszumachen und sieht ihn mit erhobener Faust zwischen zwei Frauen tanzen. Im Hintergrund explodiert ein Feuerwerk. Kaskaden roter und blauer Würmchen zischen vom Himmel herab, ergießen sich, erneuern sich scheinbar aus sich selbst. N. bleibt im nassen Gras liegen. *Viva la revolución*!

★

An manchen Tagen sieht Xenia aus wie ein Kindergartenkind. Vielleicht liegt das an den zotteligen Stirnfransen, die sich wie eine Trotzreaktion auf den langen Schopf im Nacken ausnehmen. N. muss an die Mädchen der japanischen Manga-Comics denken, ihre weit aufgerissenen Augen und starren Münder. Ihre Gefühle sind vom Zeichner nur durch ein paar Lichtreflexe in den Pupillen angedeutet, Spiegelungen an der Oberfläche. Vielleicht liegt es auch an der roten Tasche, die Xenia quer über die Schulter trägt, so dass sie am Rücken klebt und sich vorne nur als breiter Gurt auf dem T-Shirt abzeichnet. Es ist die Uniform der Fahrradboten, Webdesigner und DJs. Es fällt nicht auf. Alle sehen aus wie Kindergartenkinder.

N. denkt an das Foto seiner Eltern, das zu Hause auf dem Kamin steht. Seine Mutter trägt ein graues Kostüm. Die Haare sind, der damaligen Mode entsprechend, toupiert und mit Haarspray in eine aberwitzige Form gezwungen. Der Anzug seines Vaters ist braun. Sein junger, schlaksiger Körper scheint dem Hemd und der Krawatte nicht gewachsen. Später einmal würde es umgekehrt sein. Aber

bis dahin dauert es zwei Kinder, eine Scheidung, hunderte Überseeflüge und einen Herzinfarkt.
Seine Mutter war an den Elternsprechtagen die eleganteste. N. kann sich erinnern, dass er unendlich stolz auf ihren Auftritt war. Ihre Damenhaftigkeit gab ihm Sicherheit. Wer so eine Mutter hat, kann kein Trottel sein. Später, als die anderen Mütter Jeans trugen, kam sie ihm ein bisschen antiquiert vor.

★

Es ist dämmrig, als N. vor Xenias Hauseingang wartet. *Ich komm gleich runter*, hat sie durch die Gegensprechanlage gesagt, *gib mir fünf Minuten.*
Gib mir fünf Minuten, hol mich ab, hol mich nicht ab, ruf mich an, gib mir meine Jacke, stell den Wecker, mach uns Kaffee. Xenias Kommandoton hat nichts besonders Liebenswürdiges, denkt N., da ist keine Geschmeidigkeit. Dabei stehen ihre heiseren Befehle in einem seltsamen Gegensatz zu ihren katzenhaften Bewegungen. *Mein seltsames Tier*, sagt N. manchmal in ihr Ohr. Dann meint er einen Moment lang, eine Art Schnurren zu hören.
Er hat keine Ahnung, was sie den ganzen Tag treibt. Das ginge ihn überhaupt nichts an, hat sie ihm entgegengeschleudert. *Die Tage gehören mir, die Nächte können wir teilen.*

★

In der CD-Abteilung des Kaufhauses steht die Luft. Der Verkäufer riecht nach Schweiß und kann N.'s Frage nicht beantworten. Für Auskünfte ist sein Kollege zuständig. Der Kollege ist auf Mittagspause. N. würde den Verkäufer gerne beschimpfen, es fällt ihm aber nichts Passendes ein. Außerdem beginnt er selbst langsam zu schwitzen.

Vor den Kassen bilden sich lange Schlangen. Wer den ganzen Dreck hört, fragt N. sich, wo die Leute doch ohnehin lieber fernsehen. Er ist froh, keine CD gekauft zu haben. Manchmal genügt das bereits, um sich als Sieger zu fühlen.
Die Wege zu den Ausgängen sind versperrt. N. hat keine Lust, den ganzen Weg bis zur Rolltreppe auf der anderen Seite zurückzugehen. Auf einer Tür ist in orangefarbenen Buchstaben *Notausgang* zu lesen. N. hat das Gefühl, dass die Situation einen solchen Ausgang durchaus rechtfertigt und öffnet die schwere Metalltüre. Der Stiegenabgang ist nur schwach mit Neonlicht beleuchtet. An den Mauern kleben Zettel. *Rauchen Verboten*. Es riecht nach Rauch. N. zündet sich eine Zigarette an. Probeweise rüttelt er einen Stock tiefer an der Ausgangstür. Sie lässt sich nicht öffnen. Eigentlich logisch, denkt N., schließlich befindet er sich im Stiegenhaus, das für den Brandfall vorgesehen ist. Auch die Türen in den weiteren Stockwerken sind abgesperrt. Seinem Gefühl nach müsste er sich jetzt schon im Untergeschoß des Kaufhauses befinden.
Im Keller endet die Treppe vor einer Gittertür, die in die U-Bahn-Passage mündet. Dahinter stehen ein paar Penner. N. kann sie von weitem riechen. Sie sehen ihn nicht. Wahrscheinlich völlig im Öl. N. rüttelt an dem Gitter, das dem Druck erstaunlich leicht nachgibt. Einer der Männer erschrickt, er hat N. erst im letzten Moment wahrgenommen. *Jetzt hätten Sie mich fast umgebracht*, sagt der Mann mit der Dopplerflasche in der Hand und lacht. Auch die anderen Typen lachen. Im Alkoholdunst verliert das Erschrecken seinen Schrecken. *Aber Sie wären schon auf mein Begräbnis gekommen, oder?* N. versucht, nicht einzuatmen. *Aber sicher.*

★

Die Meierei im Schlosspark ist der einzige Ort, an dem man sich an diesem frühen Abend aufhalten kann. Hier hat die Hitze etwas Unwirkliches. Die sieben hochgeschossenen Kiefern geben eine Waldattrappe ab. Die Sprinkleranlagen jagen einen Deut Feuchtigkeit durch die Luft. Die riesige Grasmulde war vielleicht einmal ein Wasserbecken. N. hatte hier schon immer das Gefühl, in einer Trompe l'Œuil-Kulisse zu sitzen. Vom rechten Bühnenrand nähert sich der Kellner. Er muss auch bei diesen Temperaturen einen schwarzen Anzug tragen. Auf der Vorderseite des Hemdes zeichnen sich Schweißflecken ab. Die Haare kleben nass an den Schläfen.

Xenia starrt seit Minuten auf dieselbe Seite der Neuen Zürcher Zeitung. N. denkt, dass sie einen Artikel wieder und wieder liest. Vielleicht lernt sie ihn auswendig.

Was siehst du auf diesem Foto? N. beugt sich zu ihr. Xenias Finger zeigt auf ein viertelseitiges Foto im außenpolitischen Teil. Auf der Schwarzweiß-Aufnahme ist eine größere Gruppe von Frauen zu sehen. Die Bildunterschrift sagt, dass es Irakerinnen sind, die um ihren Religionsführer trauern. N. findet die Bildkomposition des Fotografen interessant. Die Frauen stehen dicht gedrängt im Kreis, die Kamera hat sie von oben aufgenommen. Die einheitliche Kleidung der Frauen wirkt grafisch. Sie sind Elemente einer rhythmischen Figur. Das Schwarzweiß des Drucks erhöht diesen Eindruck. Das sagt er Xenia.

Und sonst? Xenia sieht ihn nicht an. Sie fixiert weiterhin das Foto. Vielleicht ist sie längst mit der Szene verschmolzen oder hat die Seiten gewechselt, wie Alice im Wunderland.

N. hat das Foto jetzt länger als nötig angestarrt. Es ist ausgereizt. Mehr ist nicht zu erkennen. Xenia fährt mit dem Zeigefinger in die linke Hälfte des Bildes. Eine einzige Frau hat den Blick zum Fotografen gerichtet. Vielleicht war sie die einzige, die ihn bemerkt hat. Ihre Augen schauen den Zeitungsleser an. N. hat sie nicht gesehen.

★

N.'s Wagen gleitet in der Dämmerung über die Ausfallstraße. Konzentrierte Ruhe. Es gibt wenige Tätigkeiten, in denen der Körper so verlässlich und autonom funktioniert wie beim Autofahren. Das gelassene Zusammenspiel von Kupplung und Gaspedal, ergänzt durch den Einsatz der Gangschaltung. N. denkt an den Organisten der Dorfkirche. Als Kind hat er ihn stundenlang beim Proben beobachtet. Während die Finger des Organisten über die Tasten liefen, führten die Füße am Boden ein Eigenleben. Ohne sichtbare Regie fanden die Extremitäten zu einem synchronen Zusammenspiel.
N. lässt sich in die Trance des Autofahrens in der Dämmerung fallen. Seine Augen scheinen sich mit jeder Sekunde zu weiten. Er hat das Gefühl, als dehnten sie sich an den Rändern zu tellergroßen Flächen und saugten alle Eindrücke in einen nach innen offenen Krater. Wie ein Staubsauger ziehen sie die Bilder nach innen, die in einem verborgenen Behälter verschwinden. Vorbeiziehende Landschaften dringen in großer Geschwindigkeit ein und versickern irgendwo. Als wäre die Grenzenlosigkeit eine Masse, die man sich einverleiben könnte, in lustvoller Gefräßigkeit.
Mit der stetigen Weitung der Augen ändern sich allmäh-

lich die Farben der Umgebung. Die Bäume erscheinen N. rot, das Laub violett. Wiesen blitzen in heftigem Gelb auf und ändern ihre Farbe in der nächsten Sekunde. Einen Moment lang glaubt N., dass die Alleebäume am Straßenrand bluten. Blutüberströmte Kastanien. Wunde Wegelagerer.
Als er die Fensterscheibe öffnet, ist es völlig still.

★

Was sich unter der Oberfläche verbirgt, muss heraus. Was in den Kellern lagert, muss zutage gebracht werden. Es genügt nicht, die einzelnen Schichten abzutragen. Trüge man eine Schicht ab, würden sich in derselben Zeit drei neue ablagern. Die satte Decke erstickt alles, was sich unter ihr einmal geregt hat.
Daran muss N. denken, als er mit der Rolltreppe durch das Einrichtungshaus fährt. Im zweiten Stock schlendert er durch Bauernstuben. Alles Furnier. Die Dekorateure haben symbolhaft Teller aufgedeckt. Als fände sich im nächsten Moment die liebe Familie ein, um das Nachtmahl einzunehmen. Dabei stehen die Einbaukühlschränke weit offen und geben ihr leeres Innenleben preis.
In der Badezimmerabteilung stellt N. sich vor einen Rasierspiegel und erschrickt. Seine Wangen gleichen einer Mondlandschaft, die Poren seiner Haut Minikratern. Das Spiegelbild erinnert ihn an Fernseharchivaufnahmen aus den sechziger Jahren. Jeden Moment ist mit dem Auftauchen eines Astronauten zu rechnen, der eine amerikanische Flagge in einen der Krater stoßen würde. N. dreht den Spiegel um. Die Kaufhausbeleuchtung lässt die Ringe unter seinen Augen tiefer erscheinen als sonst. Der Rest hat entfernte Ähnlichkeit mit seinem Passfoto. N. zieht

eine Grimasse. Als er den Blick einer Verkäuferin bemerkt, wendet er sich ab.

Die Menschen dürften nicht auf eine neue Wohnungseinrichtung, sondern müssten auf einen Sprengsatz sparen, der ihre tapezierten Wände in die Luft jagt. Sitzecken, Tischdeckchen, Fernsehsessel – alles in Schutt und Asche. Vitrinenschränke – zersplittert. Die Reiseandenken und Hochzeitsgeschenke, über deren Verstaubung die Hausfrauen jahrzehntelang geklagt haben – pulverisiert. Kleine Häufchen, die man einfach und schnell entsorgen kann.

In der Haushaltsgeräteabteilung lässt N. sich einen neuen Staubsauger vorführen, weil ihm die Frisur der Verkäuferin gefällt. In das ranzige Blond hat die Frau Strähnchen in verschiedenen Orange- und Rosatönen färben lassen. Dazwischen schimmern dunklere Stellen durch. Bei jeder Kopfbewegung ändert sich das Muster, wie bei einem Kaleidoskop, an dem man immer weiterdrehen möchte, weil sich neue, unerwartete Anordnungen ergeben. Als Kind hat N. in einem Naturpark junge Wildschweine gesehen. Die Haare der Verkäuferin erinnern ihn an das Fell der Frischlinge. Die Frau lacht, als N. sagt, dass er über den Kauf des Staubsaugers noch nachdenken möchte.

Das Untergeschoß ist N.'s Lieblingsabteilung. Im Bauch des Einrichtungshauses stehen die riesigen Teppichbodenrollen. Schnitte man von ihnen ein entsprechend langes Stück ab, so könnte man, das hat sich N. schon oft ausgemalt, Gehsteige, Straßenzüge, ja ganze Parklandschaften und Gebirgstäler damit auskleiden. Die Luft ist hier trocken und elektrostatisch aufgeladen. Die feinen Härchen der Polyesterbodenbeläge legen sich auf die Atemwege und kitzeln in der Nase. Von allen Verkäufern des Einrichtungshauses finden sich hier die meisten Alkoholiker und Kettenraucher. N. zündet sich eine Zigarette an und läuft die Rolltreppe hinauf, immer zwei Stufen auf einmal nehmend.

★

Ich lebe gegen den Strich, sagt Xenia. *Wie wenn man ein Fell in die falsche Richtung bürstet. Ich passe zu niemandem und niemand passt zu mir.*

Xenia wuchs bei ihrem Vater auf. *Wie eine Prinzessin.* In seinem Architekturbüro saß sie stundenlang in einer Ecke und malte hunderte von weißen Zetteln bunt an. Ihr Vater hat sie alle gesammelt. Irgendwo muss noch eine Kiste herum stehen. Die Tage verliefen alle gleich. Der Morgen begann mit Ovomaltine und Toastbrot. Ihr Vater bestrich die Brote mit Marmelade und las daneben Zeitung. Dann nahm er Xenia auf den Arm und trug sie in das Arbeitsatelier. Das war an Montagen so und das war an Sonntagen nicht anders. Im Kindergarten war sie zweimal, dann hatte sie keine Lust mehr, hinzugehen. Sie wusste, dass sie zu Hause bleiben durfte, wenn sie sich still verhielt. Sie hatte viele lange Gespräche mit ihrem Teddybären. Ganz leise.
In der Schule gab es keine stille Ecke. Sie setzte sich in die letzte Reihe. Wenn ihre Mitschüler sie ärgern wollten, lauerten sie ihr mit verstellter Stimme auf. *Mein kleiner Liebling.* Irgend jemand musste gehört haben, dass ihr Vater sie so nannte.

An ihrem vierzehnten Geburtstag sagte ihr Vater zu ihr, er müsse ins Krankenhaus. *Nur eine kleine Untersuchung.* Die Krankenschwestern waren auffallend nett zu ihr.
Ihre Freundinnen gingen auf Partys. Ihr Vater hatte Krebs. Sie saß stundenlang neben dem Bett, als die Chemotherapie wie in Zeitlupe durch den Schlauch kroch. Sie beobachtete die Flüssigkeit, die sich in kleinen Portionen vom Tropf auf den Weg in den Körper ihres Vaters machte. Man konnte nicht mehr unterscheiden, was krank war und was krank machte. Dass ihn das Gift heilen würde, schien ihr unvorstellbar. Sie sah ihren Vater an und dachte, er dürfe sie niemals verlassen. Wenn sie nach solchen Tagen nach Hause ging, hatte sie das Gefühl, kein Mensch zu sein. Körperlos, ein zeitloser Engel.

Als sie an dem Nachmittag nach der Schule ins Krankenhaus kam, führte Schwester Margit sie in das Büro des Arztes. Er erklärte ihr, dass sie ihren Vater nicht mehr sehen könne. Es sei besser für sie.
Sie haben mich nicht mehr zu ihm gelassen. Ich durfte ihn nicht mehr sehen. Sie haben mich festgehalten. Ich habe gegen eine weiße Wand getreten.
In manchen Nächten taucht das Gesicht des Arztes in Xenias Träumen auf.

Nach dem Tod ihres Vaters sagten alle, dass sie jetzt erwachsen wäre. Sie war sechzehn und sah aus wie zwanzig. Jeden Tag bröckelte ein Stück des Panzers ab, der sie umgeben hatte. Statt schwerer, fühlte sie sich immer leichter. Sie wusste, dass sie traurig war, aber sie empfand keine Traurigkeit. Wie bei einer Zwiebel streifte sie eine Haut nach der anderen ab. *Du musst dir das vorstellen wie bei einem Überraschungsei.* Plötzlich sei eine Kinderfigur zum

Vorschein gekommen. N. stellt sich vor, dass eine Soldatin zum Vorschein kam, als Xenia die Schale sprengte.
Als sie alle Gewichte abgeworfen hatte, kam die Wut. Eine schlanke rastlose Wut.
Ich war nie Teil des großen Gefüges. Wenn ich morgens aufwache, bin ich allein, und wenn ich abends nicht einschlafen kann, bin ich allein. Mit mir kann man sich nicht verbinden und ich kann mich mit niemandem verbinden. Wer in meine Nähe kommt, bereut es. In meinen Adern fließt Wut.
Xenias Wut fühlt sich gut an. N. kann ihre angespannten Muskeln spüren, bei jeder Umarmung. Die festen Sehnen ihres Halses geben nicht nach, wenn er sie küsst. Im Gegenteil. Ihr Körper verhärtet sich, als wollte sie ihn zur Waffe machen. Sein Unterleib gegen ihr Becken, ihre Wirbelsäule hart unter dem T-Shirt. Druck und Gegendruck. Ein Ringen. Sogar ihr Fleisch ist im Widerstand, denkt N.
Ihre Unnachgiebigkeit zu brechen und sich ihrer Unberechenbarkeit auszuliefern scheint in so einem Moment das letzte große Abenteuer. Irgendwann würde ihr Fluchtreflex in Aggression umschlagen, ihr kindischer Trotz sich in etwas Wildes verwandeln. Der Ausgang ist in jedem Fall ungewiss. Einmal würde sie springen. Wenn N. sich fragt, was er dabei zu verlieren hat, fällt ihm keine Antwort ein.

★

In dem Falafelladen sind die Stühle so hoch, dass man seine Füße um die kleine Sprosse zwischen den Stuhlbeinen klammern muss, um nicht den Halt zu verlieren. Manche der Gäste, deren Beine zu kurz sind, lassen sich mit ihrem Oberkörper auf den Tisch fallen, um so das Gleichgewicht zu halten. Beißt man in die Falafel, quillt die weiche Fül-

lung auf der anderen Seite heraus. Wie bei einem Big Mäc. Egal, wie man es anstellt, man kann bei diesem Spiel nicht gewinnen. Darauf haben sich alle geeinigt.
N. beißt in seine Falafel. Durch die großen Fensterscheiben hat er die Einkaufsstraße im Visier. Dabei stellt er sich vor, wie es wäre, als Passant von außen in den Falafelladen zu schauen und zu sehen, wie mehrere Personen gebückt über ihren Tellern sitzen und versuchen, die hervorquellenden Falafelbestandteile vom Herabstürzen auf den Teller abzuhalten.
Die Vorbeigehenden sind bepackt mit Einkaufstaschen. Manche verschwinden unter ihren Paketen wie Ameisen, von denen man weiß, dass sie ein Vielfaches ihres eigenen Körpergewichts schleppen können. N. stellt sich den Ameisenbau vor, in dem die Einkaufstaschen zusammengetragen werden. Im Sekundentakt treffen Ameisen mit neuen Tragetaschen ein und wuchten ihre Last auf den Sammelplatz. Die Lieferungen werden der Königin gemeldet. Auf einer riesigen Halde stapeln sich die Einkäufe. Die Logos der Handelsketten ergeben ein buntes Patchwork. Aus gelben Billatüten, rosa Bipasäcken und roten H&M-Tragetaschen wächst ein gigantischer Berg immer weiter in den Himmel. Die Schriftzüge leuchten von weitem um die Wette und erzeugen ein Markengewitter wie auf dem New Yorker Times Square. Am Ende des Tages ist der Berg so hoch, dass er in sich zusammensackt. Dann tritt die Ameisenreservearmee auf den Plan und stapelt die Beute aufs Neue. Während die Arbeiterameisen bereits Nachschub herankarren.
Auf N.'s Teller hat die Falafelmasse einen kleinen See gebildet.

★

N. jagt das Treppenhaus hinunter, immer zwei Stufen auf einmal nehmend. Die Ledersohlen seiner Schuhe rutschen auf dem Steinboden, und jeden Moment glaubt N. das Gleichgewicht zu verlieren. Im ersten Stock riecht es nach gefüllten Paprika. Er ist spät dran. Wie immer.
Die Straße ist in der Mitte abgesperrt. N. sieht auf die Uhr. An dieser Stelle umzukehren, würde einen Umweg bedeuten. Dann würde er noch mehr Zeit verlieren. Durch die Menschenmenge hindurch ist Blaulicht zu erkennen. Eine Polizistin versucht, die Schaulustigen ein Stück zurückzuschieben. Die Menge reagiert wie zäher Pudding und weicht nur wenige Zentimeter zurück. Jetzt haben sich auch hinter N. Passanten angestaut. Zwei Kinderwägen versperren den Gehsteig. N. ist eingekeilt. Über den Häusern ist ein Hubschrauber zu hören. Das Knattern pflanzt sich als Druckwelle eines Unglücks fort, das aus der Ferne vage bleibt.
N. fühlt sich fehl am Platz. Er ist Publikum geworden, für ein Spektakel, dem er nicht beiwohnen wollte. Als hätte man ihn in den Zuschauerraum eines Theaters geschubst, ohne ihn mit einem Programmheft auszustatten und ohne ihm zu sagen, an welcher Stelle des Dramas er einzusteigen gezwungen ist. Noch dazu auf einem Stehplatz mit schlechter Sicht. N. weigert sich, sich bei den Umstehenden nach der Ursache des Auflaufs zu erkundigen, schon allein um die Logik der Schaulust zu durchbrechen. Er empfindet keine Lust.
Er würde nicht mehr rechtzeitig zu seinem Treffen mit Paul kommen. Und Paul würde alleine ins Kino gehen. Wahrscheinlich würde Paul sein Nichterscheinen falsch interpretieren. N. hatte ihm immer wieder erklärt, dass, hätte er die Wahl zwischen eineinhalb Stunden Kino und dem echten Leben, er sich für das echte Leben entscheiden würde.

Ein Ambulanzwagen fährt im Schritttempo heran und spaltet die Menge in zwei zappelnde Teile. Dadurch ändert sich die Anordnung der Gaffer und N. kommt neben einer Frau zu stehen, die, ohne, dass N. sie darum gebeten hätte, berichtet, was sich zuvor ereignet hat.
Eine Frau hat sich mit ihren Kindern in ihrer Wohnung verschanzt, um zu verhindern, dass die Beamten der Delogierungsbehörde die Wohnung räumen. Sie hat die Tür nicht geöffnet, obwohl die Beamten in immer kürzeren Abständen anläuteten. Schließlich hat die Mutter von zwei Kindern keinen anderen Ausweg mehr gesehen als aus dem Fenster des vierten Stocks zu springen. Sie, die Anrainerin, weiß nicht, ob die Frau den Fenstersturz überlebt hat.

★

Das ist Revolution! Paul hält N. einen Pass vor die Nase. N. blättert das Dokument durch. Auf dem Deckel steht in Goldprägedruck ›Republic of Artists‹. Auf den hinteren Seiten sind Stempel eingetragen. Das Dokumentenpapier sieht echt aus. Das Passfoto von Paul stammt aus einer Zeit, als er sich die Haare zu einem Irokesenschnitt hatte schneiden lassen. Es ist nicht eingeschweißt, nur notdürftig eingeklebt.
Xenias Worte fallen ihm ein. *Ein Punk bist du im Herzen…* Pauls Herz ist zweifellos verwirrt.
Wenn wir fünfzigtausend Mitglieder haben, müssen uns die Schweine als Staat anerkennen!
Und dann?
Ja, was? Dann sind wir autonom!
N. versucht, sich die ›Republic of Artists‹ vorzustellen. Ein Zwergenstaat, regiert von Partyrevolutionären. Paul in der

Rolle des Propagandaministers. Kulturminister würde man keinen brauchen, da ja alle Künstler sind. *Kunst im öffentlichen Raum* müsste nicht per Gesetz vorgeschrieben werden, sie würde sich ohnehin nicht vermeiden lassen. Staatskunst würde eine völlig neue Bedeutung bekommen. Die Frage, gegen welches Establishment die Künstler im eigenen Staat kämpfen würden, bleibt genauso offen wie die, auf welcher Fläche sich das Staatsgebiet erstrecken würde. Würde man ein Gebirgstal besetzen? Oder eine Kleinstadt überfallen? Oder lebte man auf virtuellem Boden? Paul hat sich das noch nicht genau überlegt.
N. gibt Paul den Pass zurück. *Der Künstler eignet sich nicht als politischer Aktivist. Das ist nicht seine Aufgabe.*
Sondern?
Der Künstler ist das Lackmuspapier, das den Säuregrad des Systems anzeigt. Als Fleißaufgabe kann er die eine oder andere Utopie entwerfen.

★

Im Traum fällt N. ein, dass er mit Xenia vor dem Kaufhaus verabredet ist. Er sieht auf die Uhr. Schon fünf Uhr. Er sollte sie kurz vor Ladenschluss beim Haupteingang treffen. N. sucht seine Jacke. Sie ist verschwunden. Er läuft ins Badezimmer. Vielleicht liegt sie bei der Schmutzwäsche. Er wühlt in dem Haufen. Die Jacke ist nicht da. In der Küche hebt er mehrere Plastiktüten hoch, sucht zwischen alten Zeitungen. Im Wohnzimmer liegen mehrere Kleidungsstücke. Die Jacke ist nicht darunter. Immer wieder sieht N. auf die Uhr. Es ist halb sechs. Das scheint N. unmöglich. Er spürt Schweiß am Haaransatz. Je länger er durch die verschiedenen Zimmer läuft, desto höher fühlt er die Panik seinen Hals hinaufsteigen. Angewidert

reißt er eine Parka-Jacke aus dem Schrank und läuft aus der Wohnung. Er nimmt drei Stufen auf einmal. Die Stiege verschwimmt zu einem großen Faltengebirge. Jeden Moment meint er, mit dem Schuh einen Treppenabsatz zu verpassen und auszurutschen.
N. macht Schwimmbewegungen mit den Armen, um die Fußgängerzone zu durchpflügen. Links und rechts schiebt er brutal Menschen und Einkaufstüten zur Seite. Irgendein physikalisches Gesetz tritt in Kraft, nach dem der Widerstand der Menge wächst, je mehr er sich dagegen stemmt.
Vor dem Kaufhaus ist es zu spät. N. sieht auf die Uhr. Er hätte vor einer halben Stunde hier sein sollen. Er hätte Xenia hier treffen, mit ihr und den Sporttaschen hineingehen, die Rolltreppe in die Spielzeugabteilung hoch fahren und den Sprengstoff in den Pokemon-Regalen deponieren sollen. Dann hätten sie das Kaufhaus mit den letzten Kunden verlassen. Er spürt das Versagen in seinen Gliedern. Durch die verriegelten Glastüren kann er in das Innere des Kaufhauses sehen. Zwei Leute vom Wachpersonal gehen durch die leere Parfumabteilung des Erdgeschosses. Aus der Ferne sind Feuerwehrsirenen zu hören.

★

N. zwängt sich an den winzigen Tisch im Aida-Espresso. Um diese Uhrzeit hat der Tag den Geruch scharf gerösteter Kaffeebohnen und fettiger Topfengolatschen. N. spürt leichte Übelkeit. Die Nacht war kurz und voller Alpträume. Xenia schlief noch, als er um sieben Uhr aus dem Bett kroch. Er hätte sie gerne noch einmal berührt. Aber dann wäre sie aufgewacht.
Einen großen Schwarzen bitte. N. schiebt seinen Hemd-

ärmel ein wenig in die Höhe und riecht an seinem Handgelenk. Es riecht nach Xenias Parfum und nach ihrem Körper. Falls er überhaupt jemals wieder duschte, würde er seinen Arm dabei irgendwie trocken halten.

Sie hatten am Abend in ihrer Wohnung gegessen. Xenia hasst Restaurants. Und die Schanigärten der Gasthäuser waren überfüllt. Als N. ihre Wohnung betrat, konnte er durch die langen Gänge bereits riechen, dass sie gekocht hatte. Xenia ist eine gute Köchin, aber das scheint ihr peinlich zu sein. Sie gibt am Herd eine seltsame Figur ab. Zwischen Töpfen und Backofen bewegt sie sich linkisch, wie ein Eindringling in der eigenen Küche.
In gewisser Weise waren sie beide Eindringlinge in dieser Küche, die die Spuren einer ungekannten Vergangenheit trug und in der sich die Fettränder der letzten fünfzig Jahre wie Jahresringe übereinander gelegt hatten. N. setzte sich an den Küchentisch und zündete sich eine Zigarette an. Er hätte es albern gefunden, neben ihr mit scheinheiliger Höflichkeit herumzuhantieren. Er war sicher, dass sie das auch so sah.

Das Aida-Espresso ist überfüllt. Um diese Uhrzeit drängen die Menschen in das Lokal hinein, bevor die anderen es verlassen haben. Ausgerechnet jetzt quetscht sich ein Mann neben N., in dem Moment, da es gilt, die Erinnerung aus der Reserve zu locken.

Mach mal den Schrank dort oben auf! Xenia war für die oberen Fächer zu klein. Früher hatten sie wohl Leitern verwendet, um an die bis zur Decke reichenden Einbauten zu gelangen. N. öffnete den Schrank und fand ein

Vorratsfach mit mehreren Weinflaschen. Sie waren ein bisschen staubig, aber es schien guter Rotwein zu sein. Zumindest sah das Etikett so aus. In Wahrheit hatte N. keine Ahnung von Wein. Es störte ihn nicht. Er empfand das Expertentum, das sich in letzter Zeit darum entwickelt hatte, als abstoßend.
N. öffnete die Rotweinflasche und zündete sich noch eine Zigarette an. Xenia hatte begonnen, Tomaten zu schneiden. Ihr Schweigen war absolut. N. dämpfte die Zigarette aus und leerte sein Rotweinglas. Dann hob er Xenia hoch und setzte sie auf die Resopalplatte der Küchenzeile. Er schob die Gemüseschnipsel zur Seite. Sie protestierte nicht.

Die Frau in dem rosa Kittel und den ranzig-blonden Haaren stellt N. ein Tablett auf den Tisch. Der Kaffee schmeckt verbrannt. Schlecht geröstet. N. spürt ein Stechen in der Magengegend.

★

Die Biergläser sind schwarz und summen. *Es ist das Jahr der Wespe*, hat N. zu Paul gesagt. *Und ich dachte, es ist das Jahr des Feuerpferdes*, antwortet Paul. An den Nebentischen rudern die Menschen mit ihren Armen und fuchteln mit Servietten herum. Fast jeder hat in diesen Tagen von jemandem gehört, der an einem Wespenstich fast erstickt wäre.
Unter den Kastanienbäumen steht die Luft. In N.'s Erinnerung ist es in früheren Sommern im Schatten der Gastgärten angenehm kühl gewesen. Diese Sommer scheinen vorbei zu sein. Pauls blonde Haare kleben in feinen Strähnen auf seiner Stirn. Man müsste Wasser trinken, nicht

Bier, denkt N. Der Kellner lädt ein großes rundes Serviertablett auf ihrem Tisch ab. Trauben von Wespen hängen an den Gläsern.
Der Kellner wischt sich mit dem Handrücken über die verschwitzte Stirn und schaut nach oben, in Richtung Himmel. Durch das dichte Laub der Kastanien ist nichts zu sehen. Man kann ein lautes Knattern hören. Einen Moment lang scheint es, als würde der Hubschrauber über dem Gastgarten stehen. Dann entfernt sich das Rotorengeräusch, verebbt in der Ferne.
Scheiße, sagt Paul und N. weiß warum. Jedes Flugzeug und jeder Helikopter erinnern Paul daran, dass er nie den Flugschein machen durfte. Er hatte es immer wieder versucht, aber von den Behörden jedes Mal die gleiche Antwort erhalten. Seine Fehlsichtigkeit sei ein zu großes Risiko. Neun Dioptrien, Kontaktlinsen hin oder her, nichts zu machen.
An guten Tagen zieht Paul ein Foto aus seiner Brieftasche, auf dem er als Kind zu sehen ist. So dick, dass der oberste Hosenknopf offen steht, die fetten Arme aus dem Rumpf baumelnd. Das Gesicht ein unförmiger Schwamm, aus dem eine Brille herausquillt. Man muss genau hinsehen, um hinter den dicken Gläsern Pauls Kinderschweinsaugen zu erkennen.
Du passt doch nie in ein Flugzeug. Vergiss es!
Sein Onkel hatte einen Flugsimulator zu Hause. Dort saß Paul nächtelang und wurde immer besser und immer dünner. Mit achtzehn machte er Matura. Die Eltern schenkten ihm Flugstunden. Kein Amtsarzt hätte ihn zum Pilotenschein zugelassen.
Für Al Qaida reicht es allemal.

★

Allein sein. In den Norden oder in den Süden fahren. Keinesfalls in Mitteleuropa bleiben, das ist der Tod. Die Maschine nach Palermo ist fertig zum Einsteigen.

Sie sucht nach Sprengstoff, sagt der Polizist. Neben ihm auf dem Boden liegt eine belgische Schäferhündin und kaut an einem rosa Gummispielzeug. Der Hund sieht aus wie eine Hyäne. Das Tier wälzt sich auf dem Boden und streckt alle vier langen Beine von sich. Die meisten Fluggäste nehmen keine Notiz, sondern telefonieren. Es ist die letzte Gelegenheit, bevor sie durch das Gate gehen. Eine Frau mit norddeutschem Akzent will Näheres über das Tier wissen. Die Hündin heißt Lara und ist drei Jahre alt. *Süß*, sagt die Frau.

Die voll besetzte Maschine wartet. Die letzten zwei Passagiere quetschen sich atemlos durch den Mittelgang. Sie sind es, denkt N., als einer der beiden neben ihm Platz nimmt. Der Mann sieht aus wie ein Geschäftsmann aus dem Osten. Es sind Kleinigkeiten, die ihn von einem Mitteleuropäer unterscheiden. Sein Trolley ist blitzblau und mit einem breiten Gurt versehen. Der Koffer passt nicht mehr in die übervollen Gepäckfächer.
Als die Maschine anrollt, zieht der Mann ein paar Fotos aus der Brusttasche seines Hemdes. Es sind Fotos älteren Datums, das sieht man an den Farben. Das erste Foto muss ein Hochzeitsfoto sein. Weitere Bilder zeigen seine Kinder und Urlaubserinnerungen. Der Mann sieht jedes Foto sehr lange an. So wie man einen Gegenstand betrachtet, den man vielleicht nie mehr sehen wird und von dem man sich verabschiedet. Wahrscheinlich, denkt N., ist das einer von denen, die bereit sind, alles zu opfern, weil man ihnen einen Platz im Himmelreich versprochen hat. Und

etwa so, stellt sich N. vor, haben die Männer ein letztes Mal ihre Familienfotos angesehen, bevor sie mit den Flugzeugen in die Twin Towers gerast sind. N. wüsste nicht, welche Fotos er noch ein letztes Mal betrachten wollte, wenn er jetzt dazu gezwungen wäre.
Die Flugbegleiterinnen beginnen mit der Präsentation der Sicherheitsanweisungen. N. versucht, die Stimme aus dem Lautsprecher zu überhören, so dass die Demonstration zu einem stummen Video gerät. Die zwei Stewardessen erscheinen ihm jetzt wie Synchronschwimmerinnen, die mit feierlicher Miene mit den Armen rudern und präzise Bewegungen ausführen. Sie erinnern N. an in die Jahre gekommene Cheerleader. Im nächsten Moment an Turnerinnen, die auf die Bewertung der Jury warten und dabei auf Bestnoten hoffen.
N. ist froh, dass Xenia nicht Stewardess ist. Wäre sie es, vielleicht würde sie aus der lächerlichen Nummer eine radikale Performance machen. Im Grunde ist es aber unvorstellbar, dass Xenia Stewardess geworden wäre. N. konnte Stewardessen nie anders sehen als als Zwitterwesen zwischen Prostituierten und Krankenschwestern in einer Welt aus Samsonite-Koffern und Duty-Free-Düften. Handlangerinnen von Businesstypen, deren verknitterte Hemden am Ende des Tages verschwitzt riechen.
N. beobachtet die blonde Flugbegleiterin in ihrer schlecht sitzenden Uniform, wie sie mit einem energischen, hundertfach ausgeführten Handgriff den kleinen plissierten Vorhang zuzieht, der die Reihen der Zweiten von denen der Ersten Klasse trennt. Es scheint ihm, als würde sich ihr Gesichtsausdruck in dem Moment, da sie die unsichtbare Linie passiert, verändern. Ihre Augen werden etwas größer, sie hebt die Augenbrauen und die Mundwinkel, um so etwas wie Anmut zu suggerieren. Dabei offenbart

sie eine kleine Lücke zwischen ihren Schneidezähnen. So eine Zahnlücke hatte Madonna in ihren frühen Videos, bevor sie alle Unebenheiten an sich glatt schliff. N. ist froh, nicht das verlogene Erste-Klasse-Lächeln serviert bekommen zu haben, sondern einen ehrlich gelangweilten Blick zweiter Klasse.
Der Mann mit den Familienfotos ist eingenickt. Für dieses Mal scheint er seine Mission verschlafen zu haben.
Als N. jetzt auf der Terrasse des Hotels in Palermo sitzt, spürt er, dass es die richtige Entscheidung war, für eine Zeitlang nach Sizilien zu flüchten. Die Kellner tragen weiße Jacken mit Goldknöpfen, trotz der großen Hitze. Hin und wieder fährt eine Windbö durch die Palmen. Die Zikaden machen schabende Geräusche. Wie Osterratschen, die Amok laufen.

Der Flughafen liegt am Meer, und wenn man aus der Alitalia-Maschine steigt, kann man es riechen. Das Taxi fährt unter Platanen entlang, Motorroller kurven mit tänzelnden Bewegungen um die Autos herum. Die Mädchen auf den Beifahrersitzen halten sich nicht fest, sie scheinen mit ihrem Unterleib auf dem Roller festgeklebt und lassen ihre braunen Arme fliegen.
N. hat ein Zimmer reserviert und eine charmante E-Mail zur Bestätigung bekommen. Als er den Schlüssel in Empfang nimmt und die Zimmernummer abliest, muss er lächeln. 111. Eine perfekte Zahl. N. ist einer, der unter einem guten Stern reist.
Das Zimmer ist düster, und als er die Rollläden öffnet, um den muffigen Geruch hinauszulassen, weht von draußen eine Benzinwolke herein. Vor dem Fenster liegt der Hotelparkplatz, und daneben die Straße. Über die Palmen des Hotelparks hinweg kann er jeden Abend die milchige

Linie zwischen Meer und Himmel sehen. Wenn sie sich auflöst, ist er fast blind vom langen Hinstarren.

Man darf nicht stehen bleiben, denkt N., solange man in Bewegung ist, hat die Schäbigkeit etwas Leidenschaftliches. Man darf sich nicht in die staubigen Kirchen setzen, man darf der Hochzeit nicht beiwohnen und das Brautpaar nicht aus der Nähe betrachten. Man muss an den Autowerkstätten und Hafenanlagen vorbei, zum Markt laufen, sich an den in Wasser eingelegten geschälten Kartoffeln vorbei stehlen. Die Stadt im Fieber nehmen.
Bereits am Flughafen wird man die Krankheit abgeschüttelt haben. Gerade noch.

★

Ich hasse nichts, sagt N. zu Xenia. *Vielleicht ist das ein Fehler.* Sie sitzen am Küchentisch und rauchen. Im Kassettenrecorder läuft zum dritten Mal dasselbe Band. Irgendwelche Siebziger-Jahre-Schlager, von denen Xenia behauptet, sie seien so schlecht, dass sie schon wieder gut seien. Ein Irrtum.
Aber du liebst auch nichts. Das ist der Fehler, sagt Xenia und verfolgt mit ihrem Blick den Rauch, der von der Zigarette nach oben steigt.
N. dreht sein Glas um die eigene Achse, eine blöde Angewohnheit. Er war immer stolz gewesen, nicht zu den Leuten zu gehören, die unvermittelt *Ich liebe Zucchini. Ich liebe Schlingensief* oder *Ich hasse den Winter. Ich hasse Popliteraten* ausrufen. Bekenntnisse waren ihm zunehmend vulgär erschienen. Später fragte er sich, ob er damit durchkommen würde. Mit Schrecken konnte er sich an die Zeit erinnern, da er Leuten Radikalitäten nur um ihrer

Radikalität willen entgegengeschleudert hatte. Er wusste noch, wie sein Puls raste, wenn es ihm gelang, mit vollem Einsatz einen noch so irren Standpunkt zu vertreten. Das Highsein danach, wenn er in Diskussionen seinen Gegner niedergerungen hatte. Zynismus war es nie, denn er hatte das alles in dem Moment geglaubt, da er es formulierte.
Deine höfliche Gelassenheit ist zum Kotzen, sagt Xenia. N. dreht noch immer an seinem Glas. Irgendwann begann ihn sein Extremismus zu langweilen oder zu erschöpfen. N. kann sich nicht erinnern, wann es das erste Mal soweit war. Als er den entscheidenden Satz *Ich habe dazu keine Meinung* einsetzte und dabei denselben Triumph fühlte wie früher, nach einem gewonnenen Wortkampf. Er empfand es als Fortschritt, sich aus Diskussionen mit Paul – *Blumfeld oder Tocotronic?, Beatles oder Stones?* – mit absoluter Parteilosigkeit herauszustehlen. Langfristig gesehen war es wirklich egal. Auf die Ewigkeit bezogen war alles egal. *In the long run we're all dead.* Die Entdeckung der Langfristigkeit machte den Moment bedeutungslos und erträglich. Einmal der verschwitzten Aufgeregtheit entkommen, konnte man die Dinge in aller Ruhe von allen Seiten betrachten, um zum Schluss zu keinem Ergebnis zu kommen. Er glitt langsam und lautlos in die Trance der Entschlusslosigkeit. Sie war eine gemütliche Lounge, in der man bleiben konnte, so lange man wollte. Man war immer der Sieger. Das Schöne daran war, dass man das sogar noch als Toleranz verkaufen konnte.
N.'s größte Entdeckung war der Fatalismus. Anfangs setzte er ihn zögerlich ein, eher insgeheim. Dann bemerkte er, dass bereits weite Teile der Bevölkerung von ihm Gebrauch machten. Anna und andere Freundinnen hämmerten ihm bei jeder Gelegenheit *Du musst loslassen* ein. Es war das Mantra der Frauenzeitschriften und der Menschen, die an

Motivationstrainer glauben. Als er damit Ernst machte, war es ihnen auch nicht recht.
Wenn man einmal auf der Droge des *Es hat alles einen höheren Sinn* angelangt war, war es praktisch unmöglich, jemals wieder davon loszukommen. Verpasste Termine, entgangene Parklücken, vergebene Chancen, gescheiterte Beziehungen, verlorene Jobs. Rückblickend, so konnte man schon im vorhinein sicher sein, war das alles für etwas gut. Eine Logik, die sich immer erfüllt, weil man sie im nachhinein selbst entwirft. Ein großartiges Konzept. N. sah keinen Grund, es jemals zu ändern.
Es macht so frei, sagt N. zu Xenia. Die Kassette ist jetzt endlich zu Ende, und Xenia scheint darauf zu vergessen, sie noch einmal umzudrehen. Sie hat den kämpferischsten Gesichtsausdruck, den N. jemals an ihr beobachtet hat.
Du täuschst dich, sagt sie, *in ihrem Extrem heben Freiheit und Unfreiheit einander auf. Wenn du alle Möglichkeiten hast, hast du keine. Wenn alles geht, geht nichts.*

★

In der toten Stadt bleiben und warten, schreibt N. auf einen Zettel und steckt ihn in die Hosentasche. Der Baumwollstoff klebt an seinen Beinen. Dort, wo der Rücken aufhört, ist das Hemd durchgeschwitzt.
N. überlegt, ob die Frauen in ihren Fähnchenkleidern besser dran sind, oder ob die viele nackte Haut sich womöglich noch mehr aufheizt. Die Frage beschäftigt ihn schon seit langem. Heute wird er sie nicht klären. Die Frauen sind mit ihren Fähnchenkleidern weggefahren und haben die Stadt den Hunden und Tauben überlassen. Aus einem Hauseingang treten drei Türkinnen. N. kann ihre nackten Füße sehen. Der Rest ist verhüllt.

Die Hitze wälzt sich in mehreren Lagen übereinander. Von unten kocht der Asphalt. Von der Straßenseite kommen, wenn die Autos anfahren, stoßweise Auspuffgase und legen sich wie heiße Wolken um die Beine. N. erinnert sich. Früher empfand er fremdbestimmtes Warten auf ein Ziel als etwas Quälendes. Warten, ob sich irgendjemand oder irgendetwas für einen entscheiden würde. Frauen, Auftraggeber.
Warten, ohne zu wissen, worauf, das ist neu. Warten, ob man sich selbst für irgendetwas oder irgendjemanden entscheidet. Absurd. Auf sich selbst warten, ohne Erwartung, denkt N., das ist der Gipfel der Absurdität. Auf sich selbst warten, weil sonst niemand mehr auf einen wartet. Keine schlechte Position. Ein neuer Freiheitsgrad. So weit muss man es erst einmal bringen.
Ein Schweißtropfen rinnt vom Nacken abwärts, die Wirbelsäule entlang, bis zum Hosenbund. Ein Wunder, dass er unterwegs nicht verdunstet, überlegt N., bevor ihn eine Benommenheit überfällt.
In Wahrheit stimmt das natürlich alles nicht. In ihren Extremen heben Freiheit und Unfreiheit einander auf, hat Xenia gesagt. *Wenn du alle Freiheiten hast, hast du keine.*
N. hätte das gerne Paul erklärt. Der hat es aber nicht kapiert. Wenn Paul einmal aufwachte und alles kapierte, wäre er wahrscheinlich so deprimiert, dass es besser ist, wenn er nichts kapiert.
Das Ekelhafteste ist, bei 35 Grad zu rauchen, denkt N. und zündet sich eine Zigarette an. Sie bleibt an den Lippen kleben und reißt einen kleinen Fetzen Haut ab.

★

Im Hintergrund läuft der Fernseher ohne Ton. Breaking News. Der Moderator trägt einen alarmierten Gesichtsausdruck zum dunklen Jackett. Die Zigarette ist am Ende, und N. stochert länger als nötig mit dem Stummel im Aschenbecher herum. Paul ist am Telefon.

Protest ist, wenn ich sage, das und das passt mir nicht. Widerstand ist, wenn ich dafür sorge, dass das, was mir nicht passt, nicht länger geschieht. Paul hat das in einem alten konkret-Heft gelesen und zitiert mit angespannter Stimme. Vielleicht hat er einen telepathischen Vertrag mit dem angespannten Nachrichtenmoderator.

Man kann nicht wissen, wann es soweit sein wird ...

Wann was soweit sein wird?

Dass man am sachlichsten argumentiert, wenn man aufhört zu argumentieren.

Als N. den Fernsehton lauter dreht, ist der Bürgermeister im Interview zu hören. *Kein Anschlag!*

Sieben Stunden war die Stadt ohne Strom. Kurz nach vier waren die U-Bahnen stehen geblieben. Dann brach Panik aus. Die Notstromaggregate hatten nicht so funktioniert, wie das für diesen Fall immer vorgesehen war. Während die Menschen in Rom, London und New York in dieser Situation die Nerven bewahrt, auf den Straßen getanzt und ein paar Kinder gezeugt hatten, kam es hier zu chaotischen Szenen.

N. war in einem Supermarkt, als der Strom ausfiel. Als die Lichter ausgingen, begannen einige Leute zu schreien. Es war stockdunkel, weil der Supermarkt im Tiefgeschoss eines Einkaufszentrums liegt. Erst als ein paar Leute Feuerzeuge aus ihren Taschen fingerten und auf diese Art eine groteske Schummrigkeit erzeugten, hörten die Schreie auf. Die Einkaufswagen standen überall im Weg und blockierten die Menschen, die alle auf einmal zum Ausgang

drängten. N. war hunderte Male hier einkaufen gewesen und konnte sich leicht orientieren. Er vermied den Kassabereich und schlüpfte durch einen Nebenausgang. Auf den Stufen hinauf stolperte eine Frau vor ihm. Er half ihr auf.
Als er ins Freie trat, kam ihm die ganze Situation völlig unwirklich vor. Die Nachmittagssonne blendete ihn, sodass er die Sonnenbrille aufsetzen musste. Er zündete sich eine Zigarette an. Über dem Platz kreiste ein Hubschrauber. Die Straßenbahnen standen still, aber sonst schien alles normal. Erst jetzt bemerkte er, dass er einen Laib Brot in der Hand hielt. Er hatte ihn, ohne es zu beabsichtigen, mitgenommen.
… *kein Anschlag* … sagt jetzt der Polizeipräsident zu dem Fernsehjournalisten.

★

Das Blatt Papier ist voller krakeliger Buchstaben. Die meisten von ihnen haben eine unnatürliche Krümmung. Windschiefe zittrige Gebilde. Xenia sitzt N. gegenüber und führt den Bleistift immer weiter über das Papier. Sie schreibt Wörter für sie auf dem Kopf stehend auf, so dass sie für N. lesbar sind. Sie tut es mit einer Perfektion, als hätte sie ihr Leben lang nur verkehrt herum geschrieben. *Kannst du auch Spiegelschrift?* Xenia nickt und schreibt ihren Namen von rechts nach links auf. Dann sieht sie N. triumphierend an und schreibt einen Satz spiegelverkehrt und auf dem Kopf stehend. Sie beißt sich auf die Lippen, zögert bei den Buchstaben S und N ein wenig länger. Zum Schluss steht auf dem Papier *Warum kannst du mich nicht sehen?*

★

N. greift unter Pauls Arm und stützt ihn. Sein Körper kommt ihm in diesem Moment ganz leicht vor. Gott sei Dank ist es nur ein Stockwerk bis zu Pauls Atelier. Dann lässt Paul sich auf das große Sofa fallen und streckt sich der Länge nach aus. Seine Hände tasten vorsichtig über den Verband, der über beide Augen geklebt ist. Wenn er ihn in einigen Stunden abnimmt, wird er keine Kontaktlinsen mehr brauchen. Er wird klar sehen. *Alles klar sehen.*

N. wurde übel, als Paul ihm auf dem Rückweg von der Klinik die Operation in allen Details beschrieb. Zu Beginn hatte eine Schwester ihm ein Schmerzmittel in die Augen getropft. Der Patient muss bei Bewusstsein bleiben. Eine Narkose ist nicht möglich. Zwei Ärzte standen neben seinem Kopf, der auf einem ringförmigen Polster lag. Einer fixierte die Wimpern mit Klebestreifen, der andere setzte einen Lidspreizer in das Auge. Eine Art Vergewaltigung des Augenschließreflexes. Dann konnte Paul etwas wie einen Zylinder mit Schlauch näher kommen sehen. Bis zu dem Punkt, da das Gerät den Augapfel ansaugte. Dann wurde es schwarz. *Du kannst das Messer hören, das dir das vordere Stück der Hornhaut aufschneidet.* Als nächstes setzte das Vakuum aus und Paul sah den Laserarm auf sich zukommen. Er fixierte den winzigen roten Punkt, der sich immer mehr aufblähte. Dieser Punkt würde alles verändern, würde alles, was die letzten siebenundzwanzig Jahre unmöglich gewesen war, möglich machen. Paul beschloss, den Lichtpunkt zu lieben.

Nur ein kleines Geräusch machte ihm klar, dass die Operation abgeschlossen war. Es musste die Hornhaut sein, die die Ärzte nun wieder auf sein Auge zurückklappten. Paul spürte eine Klarheit im Blick, auf die sich vorläufig

noch ein milchiger Schleier legte. Dann entfernte ein Arzt das brutale Stück Metall, das sein Lid nach oben gespannt hatte.
Obwohl es ein Risiko darstellt, bestand Paul darauf, auch das zweite Auge zu operieren. Er war sich nicht sicher, ob er noch einmal den Mut aufbringen würde, die Prozedur zu ertragen, jetzt, da er sie kannte.
Der Kopf ist nach hinten auf das Sofa gesunken. In seiner linken Hand liegt ein Zettel. Sein rechter Arm gleitet zu Boden und hängt schlaff herunter. Paul ist eingeschlafen. N. lächelt. Er muss an den toten Marat in der Badewanne denken.

★

Die Feuchtigkeit hat sich in seiner Kleidung festgesetzt. N. riecht an seinem Ärmel. Moder. N. fragt sich, wie schnell man zu schimmeln anfängt und ob man es bemerken würde. Er zündet sich eine Zigarette an.

Wir gehen in den Untergrund, hatte Xenia zu N. gesagt und gelacht. Sie drückte ihm einen Apfel in die Hand. N. fand das seltsam. Es erinnerte ihn an eine Schulexkursion. Dann steckte sie einen schweren Schlüsselbund in ihren Sweater und lief mit ihm die Stiegen zum Keller ihres Hauses hinunter. Die Holztür sah aus, als wäre sie seit hundert Jahren nicht mehr geöffnet worden. Als Xenia den Schlüssel in das Schloss steckte, gab es erstaunlich leicht nach.
In den Kellergängen gab es kein elektrisches Licht. Der Kegel der Taschenlampe huschte über die alten Ziegelgewölbe. Xenia bewegte sich mit sicherem Tritt durch die unterirdischen Schläuche. Sie schien N.'s Unsicherheit zu

genießen. In einigen Abteilen lagerten alte Möbel und ausrangierter Tand. Dazwischen gab es Kohlenkeller. Sie schienen nicht mehr benützt zu werden. N. hatte das Gefühl, dass sie sich bereits vom Grundriss des Hauses entfernt haben mussten. *Von hier aus kann man bis zum Kanal gehen*, sagte Xenia. *Aber niemand weiß es.*
Sie kamen an eine Art Abzweigung und N. wusste, dass er von hier nicht mehr alleine zurückfinden würde. Von dem schmalen Gang zweigte ein noch schmälerer ab. Xenia richtete den Schein der Taschenlampe auf ihn. *Der Schwächere verbirgt sich. Die Tunnel sind das Gegenstück zum Himmel.* Sie standen plötzlich in einem Raum, der viel größer und höher war als die engen Tunnel, durch die sie in gebückter Haltung hatten gehen müssen. Ein kleiner unterirdischer Dom. An den Wänden lagen Matratzen und Polster, als würden hier manchmal Leute kampieren. Weinflaschen standen auf dem Boden, einige davon voll. Mehrere Holzkisten waren aufeinander gestapelt. Sie waren zugenagelt. Es war unmöglich zu erahnen, was sich in ihnen verbarg. Xenia zündete ein paar Kerzen an. Jetzt konnte man den ganzen Raum sehen. Er wirkte wie ein bewohnbares Lager. N. wollte wissen, was in den Kisten sei. Xenia schüttelte den Kopf.

Was willst du trinken?, fragt sie, als befänden sie sich in einer Kellerbar. N. überlegt, ob sie ihn im nächsten Moment nach einem Plattenwunsch fragen würde. An diesem Ort würde ihn nichts überraschen. N. entscheidet sich für Rotwein.
Xenia pflanzt sich vor ihm auf. Sie ist ein ganzes Stück kleiner als er, ihr Blick trifft ihn durch ein paar Stirnfransen. *Halt mich ganz fest!*
N. denkt, dass er Xenia nicht auf Befehl umarmen will

und dass er den modrigen Keller nicht besonders anregend findet. *Mir ist kalt.*
Er ist überrascht, als Xenias Liebesaufforderung in Wut umkippt und sie ihn anschreit.
Du willst nur Beute machen. Wenn das gerissene Tier in deinen Fängen zappelt, interessiert es dich nicht mehr. Dich kann man nicht lieben. Wovor hast du Angst?
N. nimmt ein Gefühl der Beklemmung an sich wahr. Er weicht einen Schritt zurück. Xenia sieht ihn noch immer an. Der Raum scheint sich zu verengen. Ihm ist übel.
Ich hasse deine Gleichgültigkeit. Du würdest nie für etwas kämpfen. Du wohnst in deinem aufgeblähten Innenleben und bedienst dich an der Welt.
N. sagt, dass sie jetzt wohl besser zurückkehren.

3

Liebe mich oder geh, sagt Xenia. Sie rührt weiter in ihrer Espressotasse und sieht N. dabei in die Augen. N. findet dieses Rühren bedrohlich.
Aber entscheide dich.
N. würde jetzt gerne schreien. Sein ganzer Körper hat sich verhärtet. Die einzelnen Muskelfasern fühlen sich wie Beton an. In seinem Kopf kann er einen Ton hören, der so hoch ist, dass ihn außer ihm selbst wahrscheinlich nur Fledermäuse wahrnehmen. Xenia kann ihn sicher nicht hören.
Alles, was er an Xenia bis jetzt schön gefunden hat, wirkt plötzlich verzerrt und hässlich.
Dass die Dinge geschehen ist nichts; dass sie gewusst werden ist alles. Leider stammt dieser Satz nicht von ihm, sonst könnte er ihn ihr jetzt, vehement und gleichzeitig elegant, hinschleudern.
N. zündet sich eine Zigarette an, als ob das eine Antwort wäre. Er sieht sie so lange an, bis er sicher ist, dass sie nichts aus seinen Augen herauslesen kann. Dann geht er.

Er empfindet nichts Bestimmtes. Möglicherweise ein Schock, denkt N. Aber er möchte sich in diesem Moment wenigstens schlecht fühlen. Und später das Nagetier in seinem Herzen erwürgen und herauskotzen. An der Bar ignoriert er den Blick aus der Elvis-Costello-Brille, der ihm suggeriert, dass er für heute genug getrunken hat. Was weiß der schon, wie viel genug ist? Jemand legt ihm den Arm auf die Schulter. Die Menschen sind so nett hier. Alle. Sogar die Arschlöcher sind heute nett. Die Musik zerfließt zu einer warmen pulsierenden Suppe und legt sich wie Honig über die Welt. N. sinkt unter die Oberfläche. Hier ist es gut zu ertragen. Die Stimmen sind gedämpft, wie hinter Watte. Die Bewegungen der anderen

Meeresbewohner sind angenehm verlangsamt. Allmählich verdämmert das Licht, als N. weiter abtaucht. Durch die Sichtluke seiner Ein-Mann-Kabine schimmert Blau, dann Ultramarin und schließlich ein leuchtendes Violett. Langsam sinkt er in die Dunkelheit. N. staunt. Waren eben noch Quallen und Anemonen zu sehen, verschwinden jetzt die letzten Lichtpartikel. Phosphoreszierendes Plankton treibt wie Schnee nach oben. Ein paar Algen schaukeln vorbei. Der milchig-violette Nebel weicht einer kalten Schwärze. Hier unten löst sich die Zeit auf, hat keine Bedeutung mehr.
Allmählich zeichnet sich eine grünlich graue Mondlandschaft ab. N. vermutet, dass es der Meeresgrund ist. Hier unten wuselt Gewürm, das ohne Sonnenlicht auskommt. N. weiß, dass er jetzt kotzen muss.

★

Dieses Land ist zum Kotzen. Ein fauliger Morast. Die die Macht haben, sind korrupt und geben sie an ihre Freunde weiter, die noch korrupter sind. Sonntags laufen diese Typen in die Kirche und knüpfen ihr korruptes Beziehungsgeflecht noch enger. Auf der Betbank schwören sie einander Treue. Sie versprechen einander, niemand anderen an die Futtertröge zu lassen. Ihre scheinheilige Propaganda verbreiten sie über den Staatsfunk. Mit den Zeitungsherausgebern tanzen sie auf dem Opernball oder gehen mit ihnen auf die Jagd. Sie sitzen in den Ministerien, in den Universitäten, ja sogar in den Krankenhäusern. Die Wirtschaft und die Wissenschaft haben sie sich aufgeteilt. Die Richter tanzen nach ihrer Pfeife. Die Intelligenz wird ausgehungert oder hängt ihr Mäntelchen freiwillig nach dem Wind. Widerstand muss man sich leisten

können. Und die, die es sich leisten könnten, sehen keine Notwendigkeit, Widerstand zu leisten.
Die Opposition hält Sonntagsreden und ist genauso korrupt, nur ohne Pouvoir. Wäre die Opposition an der Macht, würde sie sich genauso verhalten. Im Grunde agiert die Opposition so, als ob sie an der Macht wäre, als gälte es gar nicht zu kämpfen. In diesem Land kämpft man nicht, man arrangiert sich.
Es wird in einem tödlichen Prozess enden, sagt Paul.
Hoffentlich, denkt N. und sagt nichts.

★

Xenias Forderung plustert sich immer mehr auf. Morgens, wenn N. sich selbst beim Zähneputzen zusieht, scheint sie aus dem Badezimmerspiegel zu springen. Von den Plakatwänden lächeln ihn Frauen an, die für Joghurt und Mobiltelefone werben, aber N. kann die Fragezeichen in ihren Augen sehen. Die Hitze wirft den Asphalt und immer dieselbe Frage auf. An manchen Tagen verwandelt sich die heiße Luft in flirrende Streifen. Manchmal meint N., Xenias Augen darin zu erkennen. N. dachte, er könnte sich tot stellen und im Windschatten ihrer Radikalität segeln. N. war nie einer, der sich bekennt. In diesem Sommer stellen sich alle tot. Es hat seit Wochen nicht geregnet. Vertrockneter Hundekot liegt auf der rissigen Erde. Die schmalen Grasstreifen sind vergilbt. Die ganze Stadt scheint auf etwas zu warten.

★

Der Tag liegt vor N. wie ein großes weißes Leintuch. Wie alle anderen Tage auch. Makellos. Als Fülle unendlicher

Möglichkeiten, an die sich wiederum weitere unendliche Möglichkeiten knüpfen. Eine pralle Tüte unbekannter Optionen mit Verästelungen in alle erdenkliche Richtungen. Dafür hat N. gesorgt. Keine Verpflichtungen, keine Verbindlichkeiten. N. ist bereit für das Unvorhergesehene.

Aus der Küche kriecht der Geruch von bitterem schwarzen Kaffee und verteilt sich über die Wohnung. Der beste Moment des Tages. N. denkt an Xenia. Wie jeden Morgen. Anfangs hatte er gedacht, dass sich die Erinnerung ausdünnen würde. Er rechnete damit, dass er im Laufe der verstrichenen Wochen erst ihr Gesicht, dann ihre Stimme und schließlich alle Erinnerungen verlieren würde. Er stellte sich vor, dass die Farben mit der Zeit verblassen würden, so wie auf den Postern in der Auslage des Reisebüros, das seit Jahren geschlossen ist. Die Ferieninseln hatten ihren Glanz eingebüßt, waren fahl geworden. Das türkisfarbene Meer verblich über den Sommer zu einer gelben Suppe. Zum Schluss konnte man nicht einmal mehr die Schrift entziffern.

Mit der Erinnerung an Xenia war es genau umgekehrt. Die blassen Konturen der Erinnerung schwollen zu fetten Kontrasten an. Einzelne Momente drängten sich auf, derb wie expressionistische Holzschnitte. Kurze Augenblicke, gefroren zu zuckenden Standbildern, als hätte man vergessen, die Pausetaste des Videorecorders aufzuheben, nachdem man sich ein Bier aus dem Kühlschrank holen gegangen war.

N. stellt dabei fest, dass sich seine Erinnerung im Krebsgang bewegt. Je weiter die Momente zurückliegen, desto deutlicher werden sie. Das Ende scheint in der Retrospektive ausgeblendet.

Daran muss N. denken, während er den Espresso in eine

Tasse gießt, sich eine Zigarette anzündet und der Tag sich vor ihm ausstreckt.

★

Die Sehnsucht ist ein Hund. Manchmal genügt ein erinnertes Wort. N. spürt dann alles einstürzen. Er stellt sich in solchen Momenten vor, dass Abertausende von kleinen Dämmen bersten. Wie in der Dominotheorie. Es ist eine seltsame Trauer, die nicht beschwert. N. fühlt sich gewichtslos. Als wären seine Haut papieren, seine Hände lasche Teile einer Gliederpuppe. Er fühlt sich in seinen Kleidern wie ein Dreijähriger in einem Männeranzug. Plötzlich sind die Ärmel zu lang und reichen bis zu den knöchernen Fingeransätzen. Vielleicht schrumpft der Körper, wenn das Herz verzagt? Die Wissenschaft ist auch ein Hund. Sie weiß nichts über Sehnsucht.

In so einem Moment könnte ihn ein Satz von Xenia retten oder töten. Das Risiko, sie anzurufen, ist zu groß. Weil nichts mehr mit dem übereinstimmt, was einmal sicher war. Weil Momente, von denen N. sich geschworen hat, sie als entsetzlich im Gedächtnis zu behalten, sich plötzlich verklären. Weil N. sich nicht mehr darauf verlassen kann, ob er damals im Unrecht war oder jetzt. Weil N. sich nicht mehr sicher sein kann, ob es Angst war, oder Wut, und falls Wut, dann auf wen. Und weil all das in diesem Moment immer unklarer wird.

Möglich, dass N. jetzt gleich verrückt wird. Unmöglich, jemanden um Rat zu fragen. Kein Mensch folgt einem in diesen Zustand. Kein Mensch begleitet einen, freiwillig oder aus Freundschaft, in dieses Labyrinth. Gott sei Dank, denkt N., denn was auch immer irgendjemand jetzt zu ihm sagte, es hätte nichts mit ihm zu tun.

★

Im Inneren des Autos ist es kühl geworden. Die Scheiben sind beschlagen. Langsam kriecht die Feuchtigkeit herein und mischt sich mit dem Zigarettenrauch. N. kann nicht aussteigen. Die Musik aus dem Radio hält ihn fest. Seit einer halben Stunde hofft er, dass Applaus die Konzertübertragung unterbrechen würde und er das geparkte Auto verlassen könnte. Gleichzeitig betet er, dass es niemals endete. Immer wieder passiert es ihm, dass er nachts in den Sog einer Radioübertragung gerät, aus dem er sich nicht mehr befreien kann. Die symphonische Wucht des Konzertsaals überträgt sich auf seine Nervenenden und scheint sich von dort einen Weg in das seelische Hinterland zu bahnen. Dort breitet sich das Gefühl als feierliches Heimweh aus, nach einer Zeit, die er nicht gekannt haben kann. Vielleicht liegt es an den Schwarzweißfotografien auf den Covers der Vinylplatten aus der Sammlung seiner Eltern. Herbert von Karajan im Frack. Das Leben als Salzburger Festspiel. Alfred Brendel mit dicker Hornbrille im Strickpullover. Der Oxfordfaktor. Carlos Kleiber in Ekstase. David Oistrach in Trance.

Es ist ein Hochgefühl, das kein Publikum duldet. Konzertsäle waren N. aus diesem Grund auch immer zutiefst zuwider. Möglicherweise, denkt N., ist das sogar die ideale Form, Musik zu hören. Nachts, allein in der dunklen Enge des Autos, aus schäbigen Lautsprechern, die einen blechernen Abklatsch der Konzertsaalakustik übertragen. Gefiltert, von Perlenketten und hustenden Hysterikern gesäubert, bleibt die Musik als Destillat übrig.
N. drückt den Zigarettenanzünder in seine Vertiefung und nimmt eine Zigarette aus der Schachtel. Der Knopf

schnalzt heraus. Er hätte auch ein Feuerzeug benützen können. Aber da hätte er sich um den kurzen Moment des orangen Glühens des Zigarettenanzünders im Dunkeln gebracht.

N. denkt an Xenia. Er wünschte, sie säße jetzt hier und sie könnten dasselbe hören. In diesem Moment wird ihm klar, dass es dann anders wäre. In ihrer Gegenwart könnte er die Musik niemals auf dieselbe Weise wahrnehmen. Sie würden dieses Gefühl niemals teilen. Die Wahrheit ist, dass ihm Xenia jetzt, im Moment ihrer Abwesenheit, näher ist, als sie es jemals sein könnte, wäre sie tatsächlich hier. Es ist nicht das erste Mal, dass N. zu dieser Erkenntnis kommt, und er findet, dass es eine verdammt unangenehme Wahrheit ist. Wie die letzten Male wird er sie auch diesmal wieder wegschieben. Xenia, das Sehnsuchtsprojekt.
Wahrscheinlich ist es die alte Sisyphos-Geschichte. Sehnsucht bis an die Schmerzgrenze aufbauen, nur um sie im entscheidenden Moment nicht einzulösen. Scheiße. Nach jeder Enttäuschung wieder zurück auf Platz Eins des Monopolyfeldes, und von dort aus der ganze Irrsinn nochmal. Die Parkstraße würden sie nie erreichen. Aber wie würde die Parkstraße aussehen? Der Gedanke daran ist verstellt von Sehnsucht. Manchmal denkt N., dass das Sehnen ganz von ihm Besitz ergriffen hat. Würde es aufhören, müsste er möglicherweise sofort sterben.
Im Konzertsaal setzt Applaus ein.

★

Der alte Mann macht so kleine Schritte, dass man ganz genau hinsehen muss, um sicher zu sein, dass er sich bewegt. N. hält sich in einigem Abstand zu ihm. Er versucht,

die Gangart des Rentners nachzuahmen. Es ist mehr Stillstand denn Bewegung. N. bemerkt, dass die Gefahr, das Gleichgewicht zu verlieren, viel größer ist, wenn man kleine Bewegungen macht. Tempo schafft Stabilität. Gleichzeitig beschleunigt sich die Umgebung um ein Vielfaches, reduziert man selbst die Geschwindigkeit.
Nach einigen Metern hat N. das Gefühl, aus der Welt gefallen zu sein. Er stellt sich vor, wie der Rentner seit Jahren jeden Tag ein Stück weiter aus der Welt fällt.
Es gibt eine Art von Abschluss, von Eingeschlossenheit, und das führt zu einer inneren Katastrophe.
Als N. den Mann eingeholt hat, möchte er ihn umarmen oder auf den abgewetzten Stoff seines Mantels weinen.

★

Zur Geburtstagsparty von Anna ist N. nur gekommen, weil ihm am Telefon keine passende Ausrede eingefallen war und es ihm noch anstrengender schien, sich im Nachhinein für sein Fernbleiben rechtfertigen zu müssen. Es war ein Fehler, überhaupt ans Telefon zu gehen. Wie in den meisten Fällen. N. ist dazu übergegangen, die Mehrzahl der Anrufe zu ignorieren. Die Strategie hat sich als richtig erwiesen, das Telefon läutet so gut wie nicht mehr. Hat der Anrufer eine Nachricht hinterlassen, nimmt N. sich vor, später zurückzurufen. Meistens vergisst er es.
Schon beim Betreten von Annas Wohnung hat N. ein Gefühl der absoluten Lähmung überfallen. Von den gut zwei Dutzend Gästen fallen ihm auf Anhieb drei Leute auf, mit denen er aus Höflichkeit reden muss. Das könnte er später erledigen. Schlimmer ist die Schauspielerherzlichkeit, mit der Anna auf ihn zu kommt. Er kann ihrem Strahlen nichts entgegnen. Setzte er ein Lächeln auf, würde es aus-

sehen wie Gesichtsstarre, als hätte er einen Schlaganfall erlitten. Lächelt er nicht, wird Anna nach kurzer Zeit fragen *Bist du okay?* Sagte er *Ja*, würde sie insistieren, *Bist du sicher?* Nein, sicher ist er nicht. Schon lange nicht mehr.
Es ist, als würde ihn die Welt vorsätzlich belästigen. Warum lassen sie ihn nicht einfach alle in Ruhe? Warum kann er nicht ihren Ritualen beiwohnen, ohne Akteur sein zu müssen? Warum zerren sie ihn in den Ring, obwohl er schon im Vorfeld alle Zeichen von K.o. signalisiert? Längst hat N. sich angewöhnt, auf die Frage *Wie geht's?* ein knappes *Gut* zu antworten. Jede andere Antwort zieht, so seine Erfahrung, ein endloses Verhör nach Befindlichkeiten nach sich. Würde man N. jemals einen dieser Fragebögen vorlegen, würde er auf die Frage *Was würden Sie ändern, wenn Sie einen Tag lang die Welt regieren könnten?* antworten: *Die Frage ›Wie geht's‹ abschaffen.*

Bist du okay? Anna schwirrt mit einer Bierflasche in der Hand und der typischen Gastgeberinnenhektik um ihn herum. *Klar!* N. versucht zu lächeln.
Da ist es wieder, das Gefühl der Gesichtslähmung. Ein gnädiger Gott hat Anna in eine andere Richtung geschubst. Sie ist verschwunden. Wenn jetzt noch jemand den DJ erschießt, denkt N., könnte man dem Abend vielleicht noch etwas abgewinnen. Nicht dass ihn die trostlosen Nudelsalate am Buffet reizen würden, aber er hat in der Küche eine Flasche Wodka entdeckt, die er sicherheitshalber gleich an sich nimmt. Neben ihm unterhalten sich zwei Mädchen über einen Kinofilm, den er nicht gesehen hat. N. baut aus den Gesprächsteilen der beiden einen Film zusammen, der nie im Kino laufen wird. Diese Vorstellung gefällt ihm.
Hi! Stefan steht vor ihm.

Hi.
Und?
Ja, eh …
Wenn es nach N. ginge, könnte das Gespräch an dieser Stelle enden. Aber Stefan fragt irgendetwas, das N. nicht versteht, weil niemand den DJ erschossen hat, und N. muss nachfragen und mit seinem Ohr ganz nah an Stefans Gesicht gehen. Es ist die *Was-machst-du-denn-jetzt-so?*-Frage, die N. nach der *Wie geht's*-Frage am meisten hasst. N. beschließt, den Abend für sich selbst zu einem Erfolg werden zu lassen. Er nimmt einen Schluck aus der Wodkaflasche und sagt *Nichts. Und du?*

★

N.'s Finger zittern, als er die CD-Hülle öffnet und die Scheibe in den Player legt.
Eines ist doch sicher: Eins zu eins ist jetzt vorbei.
Es ist seine Lieblingstextzeile in Xenias Lieblingslied.
Vier Wochen lang hatte er geglaubt, verrückt zu werden. Dann machte sich eine angenehme Taubheit bemerkbar. Eine Abwesenheit von Qual. N. hatte das Gefühl, davongekommen zu sein.
Wir sind wie Agenten. Jetzt ist es soweit.
N. weiß, dass er im nächsten Moment zum Telefon gehen wird. Obwohl oder weil es drei Uhr morgens ist. Er wird Xenias Nummer wählen und sagen, dass er sich entschieden hat, und glauben, dass sein Herz im Hals sitzt, weil es dort plötzlich so eng ist und stark pulsiert.
Das Licht aus. Den Schalter um.
Das Freizeichen am anderen Ende der Leitung hat nichts zu bedeuten. Bis man durch die langen Gänge der Altbauwohnung an einen der Apparate kommt, dauert es.

Es dauert noch immer, und es dauert zu lange.
Es ist gegen alle Logik, dass N. jetzt die Nummer des Taxifunks wählt, seine Jacke nimmt und dem Fahrer Xenias Adresse sagt. Alles scheint gleichzeitig zu geschehen, auch dass N. sich eine Zigarette anzündet und die Plaketten im Taxi sieht, die höflich darum bitten, das Rauchen zu unterlassen. Der Fahrer sagt nichts. Vielleicht hat er Angst. N. könnte ein Rumäne sein und das Messer aus seiner Lederjacke ziehen. Dann hätte der Fahrer auch nichts davon.
N. zieht Xenias Haustorschlüssel heraus. Er war immer sicher, dass er ihn noch einmal brauchen würde.
Im Stiegenhaus ist das Licht kaputt. N. muss sich im Dunkeln in den zweiten Stock vortasten. Aus irgendeiner Wohnung riecht es säuerlich.
Die Wohnungstür steht offen. Kein gutes Gefühl. Der Lichtschalter links neben der Eingangstür. Das Neonlicht im Vorzimmer. Scheußlicher denn je. Den langen Flur entlang. Nirgends Möbel. Alles leer geräumt. Nackte Glühbirnen in der Fassung. Die Lampen abmontiert. Geruchslosigkeit. Hier wohnt niemand mehr. Der Küchentisch, an den N. sich setzen möchte, um eine Zigarette zu rauchen und die Raserei in seinem Kopf zu stoppen, fehlt genauso, wie alles andere.
N. läuft noch einmal durch alle Zimmer, Kabinette, Nebenräume. Alle Türen stehen offen, als wollte die Wohnung ihn anschreien, *Ich habe nichts zu verbergen.*
N. öffnet ein Fenster. Um diese Uhrzeit fahren keine Autos auf den Straßen.
Die Leuchtreklame auf der anderen Seite des Rings ist noch immer defekt. N. ist ihr dankbar für das rhythmische Zucken. Es ist das einzige, das geblieben ist.

★

Xenia zu suchen ist ein sinnloses Unterfangen. Würde sie gefunden werden wollen, hätte sie ihm eine Botschaft zukommen lassen, einen Hinweis hinterlegt. Will sie nicht gefunden werden, und davon ist auszugehen, wird es niemandem gelingen sie aufzuspüren. Möglicherweise hat sie sich nach Warschau abgesetzt oder nach Bukarest. Vielleicht sitzt sie auch in irgendeinem Keller, in derselben Stadt, und er wüsste nicht einmal mit wem.

Einmal hatte N. den Medikamentenschrank im Badezimmer geöffnet, ohne Xenia zu fragen. Er suchte ein Aspro, und der Ort, der ihm dafür am logischsten erschien, war das weiße Kästchen mit dem roten Kreuz darauf.
Suchst du was? hatte sie vom Bett aus gerufen.
An der Hinterseite des Kästchens fiel ihm eine Platte auf. Er hätte gerne gewusst, was sich dahinter verbarg. Aber dann hätte er all die Fläschchen und Schachteln herausräumen müssen. N. zögerte kurz. Das war nicht sein Stil. Und außerdem: Was zum Teufel sollte schon hinter der Platte sein? Er griff mit beiden Händen in den Schrank und zog mehrere Schachteln auf einmal heraus. So würde es auch nicht auffallen, wenn er sie nachher wieder zurück stellte. Er lockerte die Platte und riss sie, so leise wie möglich, heraus. In einem Papierkuvert lagen drei Pässe. Ein polnischer, ein slowakischer und ein EU-Pass. Das einzige, das sie gemeinsam hatten, war Xenias Foto. Er steckte die Pässe zurück in die Hülle. Zwischendurch betätigte er die Klospülung. Das würde seinen langen Aufenthalt im Badezimmer notdürftig erklären. Dann befestigte er die Platte wieder an der Hinterseite und packte das Zeug in das Kästchen. *Erste Hilfe*. Na klar. Die Verschwinderin.

Es gibt niemanden, der Xenia kennt, außer ihm. Zumindest ist ihm niemand bekannt. Xenia war aus dem Nichts aufgetaucht und gab niemals Namen aus ihrer Vergangenheit preis. Eine systematische Suchaktion würde bedeuten, die Polizei mit einzubeziehen.
Keine Spur von ihr. Keine Spur ihrer gemeinsamen Geschichte. Es ist zum Ersticken. Xenia hat nie bei ihm gewohnt, keine Lippenstifte oder o.b.-Schachteln in seinem Badezimmer hinterlassen. Da ist nichts Bleibendes. Nichts, das offenbar geworden wäre. Hätte er wenigstens eine Wunde oder Narbe, ein sichtbares Mal, das auf die Verletzung hindeuten würde. Nichts zeugt von der Gespensterliebe. Sie ist ohne Außenwirkung geblieben. Das macht es schwierig zu glauben, dass es sie jemals gab.
N. muss an die kleinen Propellerflugzeuge denken, mit denen Männer, die eine Frau beeindrucken wollen, lächerliche Spruchbänder hinter sich herziehen. Zumindest sieht man das manchmal in Filmen. N. kann diese Männer zum ersten Mal verstehen. Noch lieber würde er auf den Stephansdom steigen und ein riesiges Transparent entrollen. So groß, dass die Flugzeuge, die an diesem Tag über die Stadt fliegen, ein großes X unter sich sehen könnten. Oder irgendeine andere Irrsinnstat, bei der es längst nicht mehr um die Erfüllung eines Begehrens geht, sondern um ein Ausruhen von den Anstrengungen der Sehnsucht.

★

Wie N. auf einer Schauspielerparty gelandet ist, kann er sich in diesem Moment nicht erklären. Das Bühnenhafte ekelt ihn an. Die Verdrehung und Übersteigerung der Bühnenmenschen erscheint ihm sinnlos und abstoßend.

Anna, die Partyhyäne, Anna das Salontier, hat ihn verschleppt. *Du musst mal raus!*
Die Produktionen, von denen die Rede ist, hat N. nicht verfolgt. Die Namen der Theatermacher kennt er nicht. Theater kommt nicht in Frage. Daran hat auch Anna (*Du lehnst etwas ab, das du nicht kennst*) nichts ändern können. Die Welt im Kammerspiel ist N. schon immer lächerlich vorgekommen. Wozu das Leben nachspielen?
Das würde er der jungen Schauspielerin, die Valerie heißt, gerne sagen. Valerie lässt ihn aber nicht zu Wort kommen, weil sie alles über ihre laufenden Proben erzählen muss. Dass dieses Stück für sie *nicht das Wahre* ist, weil sie *etwas anderes* vom Theater erwartet. Dass sie dieser Mode, das normale Leben auf die Bühne zu bringen, gar nichts abgewinnen kann. *Ich will Metamorphose!* Bei dem Wort Metamorphose verzieht die Schauspielerin, die Valerie heißt, das Gesicht zu einer Pose, als müsste sie bei der Aufnahmeprüfung für das Reinhardt-Seminar eine Schauspielerin darstellen, die eine Schauspielerin spielt. N. rechnet jeden Moment damit, dass sie von Authentizität reden wird. *Alles muss plötzlich authentisch sein!*
In einer Ecke steht eine Frau, die auf den ersten Blick wie Xenia aussieht. Sie ist es genau so wenig wie alle anderen, die N. seit Tagen auf der Straße, in der U-Bahn, im Kaffeehaus sieht. Möglicherweise gibt es ein Gesetz, nach dem verschwundene Menschen tausendfach in Form von schlechten Klonen wieder auftauchen. Makabre Widergänger. N. zwängt sich in die Richtung der Frau. Nur um sicherzugehen. Dass sie es nicht ist. Anna ist weit und breit nicht zu sehen. Eine gute Gelegenheit zu gehen.

★

Die Abendzeitungen schreien riesige Schlagzeilen auf die Boulevards hinaus. Worte, die, solange N. zurückdenken kann, niemals auf heimischen Titelblättern zu lesen waren. Terror-Bande. Ministermörder. Staatskrise.
N. beobachtet das Gesicht des indischen Zeitungsverkäufers und findet keine Spur der Erregung. Er will seine Ware los werden. Wie jeden Tag.
Vor der Baustelle auf der großen Kreuzung hupen Autofahrer, die sich um ihren Feierabend betrogen fühlen. Im Espresso-Café an der Ecke sitzen alte Frauen mit großen Oberweiten in engen Strickpullovern und fressen Cremeschnitten.
Der Inder kramt länger als nötig in seiner Tasche, um das passende Kleingeld zu suchen. Zumindest scheint es so. Die Zeitungen machen alle mit den gleichen Fotos auf. Bilder von ausgebrannten Autowracks, aufgeblasen auf die ganze Seite.
In den Autos zweier Minister sind zum selben Zeitpunkt Bomben explodiert. Beide Minister blieben unverletzt, weil sie sich zum Zeitpunkt des Anschlags nicht in ihren Dienstwagen befunden hatten, sondern entgegen ihrer Agenda anderswo. Einer der beiden Chauffeure wurde schwer verletzt, heißt es. Eine noch nicht identifizierte junge Frau wurde wenige Meter neben einem der beiden Wagen tot aufgefunden. Zahlreiche Passanten haben zum Teil schwere Verletzungen erlitten und sind in Krankenhäuser gebracht worden. In einem wenig später an die Presseagenturen übermittelten Schreiben hat sich eine Gruppe mit dem Namen *Die Partisanen* zu dem Anschlag bekannt. In der ersten Aufregung hatte ein Polizeisprecher die Gruppe fälschlich als *Die Kurtisanen* bezeichnet, korrigierte diesen Irrtum aber später.
In einem ausführlichen Bericht auf den weiteren Seiten ist

der genaue Hergang nachzulesen. Der Abendwind macht es unmöglich, das Zeitungspapier zu bändigen.
N. flüchtet sich in das Espresso, in dem es stickig ist. Die Menschen dampfen nach dem Tag, den sie in Büros oder sonst wo verbracht haben. N. lässt sich in einen Plastiksessel fallen. Die Sitzfläche ist noch warm von seinem Vorgänger. Widerlich. *Einen kleinen Schwarzen bitte – und einen Aschenbecher!*
Bei den Ministern, die dem Anschlag entgangen sind, handelt es sich um den Innenminister und den Sozialminister. Die Fotos der unversehrten Politiker nehmen sich neben den Abbildungen der Autowracks makaber aus. Von dem schwer verletzten Chauffeur gibt es kein Foto. Es würde die Aufgabe der bunten Magazine sein, das Drama des Fahrers in den nächsten Tagen in allen Facetten aufzurollen.
Der Polizeisprecher sagt im Interview, dass man nicht von einem Einzeltäter ausgehen könne, sondern nach einer kriminellen Gruppierung suche. Über eine Vereinigung mit dem Namen *Die Partisanen* sei bis zum Zeitpunkt des Anschlags nichts bekannt gewesen. Man gehe aber von einer inländischen Gruppe aus. Hinweise auf internationale Verflechtungen gebe es keine. Weitere Aufschlüsse erwarte man sich von der Untersuchung der jungen Frau, die man tot am Tatort gefunden habe und die an dem Anschlag mit an Sicherheit grenzender Wahrscheinlichkeit maßgeblich beteiligt war. Für Hinweise aus der Bevölkerung sei die Polizei dankbar.

Die Welt bleibt in diesem Moment stehen. Gerinnt. Die Zigarette ist angezündet. Das Feuerzeug brennt weiter.
Auf der Erde und im All zerbrechen wir wie ein Kristall.

★

N. hat Paul noch nie weinen sehen. *Wie ist es passiert?* Paul kann nicht sprechen. Ein Weinkrampf schüttelt seinen Körper. Das Spitalshemd klebt nass auf seiner Brust. Die Schläuche der Infusionen reagieren im Takt der Erschütterung. Als N. seine Hand auf Pauls Schulter legen will, deutet ihm die Krankenschwester zu gehen. Draußen, im Neonlicht des Hospitalflurs, würde sie ihm, die Stimme zu einem Flüstern gedämpft, die Hände in ihrem Kittel vergraben, erzählen, was es zu erzählen gibt.
Es war Zufall. Paul war auf dem Fahrrad unterwegs. In Richtung Innenstadt. Auf der Höhe der Parteizentrale muss es passiert sein. Die Detonation. Die Splitter. Die Hand vor das Gesicht. Zu spät. In Flammen. Die Augen.
Wollen Sie was trinken? Sie muss aus der Slowakei stammen. Das hört man an ihrem Akzent. Der Tee ist schwachrot. Sogar die Getränke sehen hier krank aus. N. setzt sich auf den winzigen Stuhl im Schwesternzimmer und bedeckt sein Gesicht mit beiden Händen.
Vielleicht kann man das zweite Auge retten. Es ist noch nicht sicher.

★

Trotz der Klimaanlage riecht es in den Gängen des Krankenhauses säuerlich. N. beobachtet eine Frau im Lift. Sie trägt einen hellblauen Frotteemorgenrock, die nackten Beine stecken in rissigen Kunstlederpantoffeln. Ihr Kopfverband ist voller gelber Flecken. Eine Zumutung, denkt N., die Besucher den Patienten auf solche Weise auszusetzen, und dass er dringend ein Bier trinken muss. Er greift nach dem Päckchen Zigaretten in seiner Hosentasche.

Als N. das Krankenhaus verlässt, ist es schwül. Es sieht nach Gewitter aus. Ein heißer Wind treibt den Staub der Stadt vor sich her. Es ist fast unmöglich, sich eine Zigarette anzuzünden. Vor der U-Bahnstation haben die Zeitungsverkäufer Plastikfolien über ihre Ware gelegt. Es kann jeden Moment zu regnen beginnen. Der Föhn bläst die Plastikabdeckung von der Ware. Auf den Titelseiten der Abendausgabe ist Xenias Passfoto abgedruckt.

★

Wie immer hat irgendjemand Plastikrosen auf das Grab gelegt. N. hebt sie angewidert auf und schleudert sie über die Friedhofhecke. Die Sonne steht tief. Weit und breit ist niemand zu sehen. Ein leichter Wind bewegt die Kronen der alten Bäume. N. setzt sich auf die kühle Steinplatte. Langsam lässt er seinen Oberkörper sinken, bis sein Hinterkopf auf dem rauen Material liegt. Dann zieht er die Beine an und legt die Arme an seinen Körper. Jetzt liegt er schmal und ausgestreckt auf der leicht gewölbten Platte. Kühle.
An dem Tag, an dem Xenias Begräbnis stattfand, nahm er nur Nebensächlichkeiten wahr. Die Farbe seiner Socken und das Gesicht des Taxifahrers haben sich in sein Gehirn eingebrannt und keinen Raum mehr übrig gelassen. Wahrscheinlich ein Trick der Natur, um die Psyche vor dem totalen Kurzschluss zu bewahren. Oder der totale Kurzschluss, um die Psyche vor noch Schlimmerem zu bewahren.
Wobei N. sich fragt, was das sein soll, das noch Schlimmere als die Obszönität von Begräbnissen. Das Wetter ist dem Anlass immer unangemessen. Scheint die Sonne, tragen die Trauernden womöglich Sonnenbrillen. Regnet

es, konzentriert sich die Aufmerksamkeit auf das Nichtnasswerden. Die wahren Perversen, denkt N., sind die, die mit der Videokamera Begräbnisse filmen. Friedhofspornographie.

Der Wind hat sich gelegt. Als N. die Augen öffnet, ist der Himmel über ihm dunkel geworden. Still.

Die Autorin dankt aus verschiedenen Gründen Ulrike Meinhof, Haroun Farocki, Egon Friedell, Blumfeld und Tocotronic für die Textpassagen auf den Seiten 20, 42, 72, 76, 81, 90 und 96.

Umschlag: Gerhard Himmer
Illustration: Clarissa Stadler
Layout + Satz: AD
Herstellung: Finidr, s. r. o.

ISBN 3-85420-678-X (Normalausgabe)
ISBN 3-85420-679-8 (Vorzugsausgabe)

Literaturverlag Droschl Alberstraße 18 A-8010 Graz
www.droschl.com